ZINOVYA DUSHKOVA

Le DESTIN SECRET *d'un* PAYS

Dialogue avec le Cœur de France

Radiant Books
Moscou

Titre original : *Беседы с Сердцем Франции*
Éditions Dushkova, Moscou, 2014.

Traduit du russe par Violetta Hadji-Minaglou

Publié en 2020 par Radiant Books,
une empreinte de Éditions Dushkova
www.radiantbooks.org
www.dushkova.com/fr

ISBN : 978-5-9905431-9-5

Sommaire

Préface 7

Le 2 novembre 2006 11

14 La cathédrale Notre-Dame de Paris

Le 3 novembre 2006 19

23 L'Amour

Le 4 novembre 2006 29

32 Le Sacré-Cœur

Le 5 novembre 2006 37

40 L'histoire d'un ami

Le 6 novembre 2006 45

49 J'adore

Le 7 novembre 2006 55

57 La Sainte-Chapelle

Le 8 novembre 2006 61

67 Une parabole

Le 9 novembre 2006 71

75 La ville

Le 10 novembre 2006 79

81 Le staccato

Le 11 novembre 2006 87

90 Le statut

Le 12 novembre 2006 95

97 La pensée-oiseau

Le 13 novembre 2006 101

105 Il neige

À propos de l'auteure 111

PRÉFACE

Il y a des années, je me trouvais dans les hauteurs de l'Himalaya pour écrire mon nouvel ouvrage. Chaque nuit, un mystérieux interlocuteur venait s'entretenir en français avec moi dans mon sommeil. À mon réveil, je répétais certaines phrases comme pour terminer notre conversation nocturne... alors que je n'avais jamais parlé français auparavant ! C'est ainsi que j'ai compris que la France serait ma prochaine destination. Le savoir sacré recueilli dans les lieux saints devait y être déversé.

Mon premier voyage en France date de 2003, après la parution de *La Bible de Feu*. Selon plusieurs prophéties anciennes, l'Europe n'a pas d'avenir. Mais un monde sans la France est-il possible ? Comme beaucoup d'autres pays, la France doit son existence à ses propres démiurges, à ses protecteurs, à tous ceux qui suivent ses progrès. Ainsi leur œuvre invisible s'accomplit-elle en temps et en lieu.

Pendant ce voyage, il m'est arrivé de suivre le fil de pensées extraordinaires durant lesquelles j'avais l'impression d'écouter le contenu d'un livre caché. Je n'ai rien écrit à l'époque. Mais trois ans plus tard, le 1er novembre 2006, je suis revenue à Paris. Et le lendemain matin, munie d'un stylo et d'un carnet, je me suis rendue à la cathédrale Notre-Dame, où j'ai transcrit la première des conversations du recueil qui s'intitulerait *Dialogue avec le Cœur de France*. J'ai terminé une première série de douze conversations en douze jours. D'autres suivront peut-être, lorsque les premières auront été lues et assimilées.

Pour moi, comme pour beaucoup de personnes qui vivent en France, probablement, Notre-Dame de Paris représente le Cœur de la France. Or nous savons que ce Cœur œuvre nuit et jour avec abnégation. Des millénaires durant, il s'est épuisé à donner sans compter de lui-même, sans recevoir grand-chose en retour. Beaucoup ne viennent à la cathédrale que pour prendre. Rares sont ceux qui déposent au pied de l'autel non pas l'amertume de leurs peines et tribulations, mais le sentiment d'une sincère gratitude. Seul le Feu peut compenser des sacrifices tragiques. Ses flammes peuvent consumer les édifices bâtis de main d'homme, mais elles attirent en même temps le Feu cosmique qui incendie les structures destructrices invisibles et immerge ce qui reste dans une immense fontaine ardente pour célébrer un baptême de feu.

Le Cœur de France a ainsi enduré une sorte de crucifixion, est monté sur le bûcher, comme Jeanne d'Arc et bien d'autres saints et justes innocents... Aujourd'hui, le Cœur de France est ressuscité. Gardant toujours en son sein la couronne d'épines de Jésus Christ, il est prêt à poursuivre son œuvre sacrée à frais nouveaux. Quant à nous, simples mortels, il est temps que nous réfléchissions sérieusement à la façon dont nous nous traitons les uns les autres, mais aussi les pays dans lesquels nous vivons. Prenons-nous soin, en particulier, de leur Cœur invisible, qui bat au nom des nations entières réunies à l'intérieur de ses frontières ? Si nous sommes animés par l'amour, offrons nos prières au Cœur de nos pays respectifs, mais aussi à celui de nos frères et sœurs en humanité !

Le Destin secret d'un pays : Dialogue avec le Cœur de France aborde diverses dimensions de la Vie qui influent de façon mystérieuse sur l'activité du pays et de ses habitants. Puisse ce livre devenir pour vous un ami ! La conversation que nous avons entamée dans ces pages évoque des personnages célèbres et des événements lointains dont les échos résonnent encore aujourd'hui et, on peut le dire, se ressentiront encore demain.

PRÉFACE

Ô enfants bien-aimés d'une France qui souffre depuis si longtemps, mais qui renaît dans l'amour, accueillez le regard de l'étrangère qui a contemplé à travers le prisme de son cœur Notre-Dame, la Sainte-Chapelle, la basilique du Sacré-Cœur et bien d'autres lieux !

Avec amour,

Zinovya Dushkova

Le 2 novembre 2006

– Dis-moi quelles sont les raisons de cette conversation.

– L'heure est venue de parler de cœur à cœur, car ce n'est qu'ainsi que ma voix peut être entendue.

– Étant le cœur d'un pays entier, tu es un des plus grands. Quant à moi, je suis toute petite au milieu de l'océan des êtres humains. Et de plus, je ne fais pas partie de l'organisme que nourrit ton souffle vivifiant : un autre pays m'a vue grandir.

– C'est pour l'intellect qu'existent les frontières, or le cœur obéit aux lois qui dépassent l'entendement humain pour le moment.

– Mais pourquoi est-ce toi qui entames un dialogue avec moi ? Pourquoi n'ai-je pas entendu en premier le cœur de Russie ? Ne suis-je pas sa ressortissante ?

– Le cœur n'a point de nationalité, ses liens de parenté se situent sur les plans soumis aux lois du ciel et non celles de la terre. Tu es entrée dans mon univers, le cœur ouvert et plein d'abnégation. Notre alliance est de longue date, elle a plus d'une vie...

– Combien y a-t-il, dans ton monde, de personnes dévouées qui t'aident à accomplir ton œuvre séculaire ?

– Leur nombre n'est pas si restreint... Des siècles durant, j'ai réuni mes proches venant du monde entier. Mon pays les a adoptés, indépendamment de leur race et de leur nationalité légale. Que m'importe la couleur de la peau, l'essentiel est qu'un cœur pur batte dessous...

– C'est vrai, lorsque deux personnes s'aiment, elles ne prêtent pas attention à leur différence raciale, religieuse ou autre. Leurs cœurs s'unissent ! Peut-on affirmer que le cœur de Russie tend vers toi ?

– Oui, plus que tous les autres, il correspond à mon esprit.

– Votre union secrète, invisible fut scellée par des liens de parenté céleste qui remontent aux temps immémoriaux, n'est-ce pas ?

– Tu as vu juste : l'affinité de nos cœurs est d'ordre cosmique...

– Peut-être êtes-vous investis d'une mission singulière ?

– Le cœur de chaque pays a ses propres problèmes, qu'il doit résoudre seul ou ensemble avec d'autres. Toute chose a son temps. Certains pays demeurent dans un état léthargique, d'autres s'éveillent, d'autres encore atteignent l'apogée de leurs forces vitales.

– Je comprends, ton heure est venue ! Mais comment moi, un faible être humain, pourrais-je contribuer à l'accomplissement de tes tâches ?

– Telles de lourdes chaînes, l'ignorance lie le plus souvent les ailes de l'esprit. Mon peuple a besoin de connaissances plus élevées...

– Venant directement de toi ?

– Oui, du fin fond de mon cœur...

– Eh bien, mon cœur aussi est prêt à déposer ses dons sur ton autel.

– Nous offrirons ensemble tous nos présents aux cœurs courageux de ceux qui suivent les chemins épineux de la terre.

– Oh ! que leur fardeau est pesant ! Leur dos est voûté sous ce poids trop accablant, qui brise parfois leur esprit.

– Mon peuple est libre ; mais rares sont ceux qui ont déployé leurs ailes pour sillonner les étendues célestes. Ces porteurs de lumière essayent de venir en aide aux personnes dont l'âme est blessée et l'esprit éreinté...

– Évidemment, les cœurs endormis ne les entendent pas. Et la raison assoupie condamne l'homme à agir de façon inadéquate...

– C'est vrai, sa pensée ignorante attaque souvent celui qui lui tend une main secourable.

– Et l'homme est prêt à briser l'élan de l'autre plutôt que d'accepter avec gratitude son cadeau !

– Certes, il existe des gens qui démolissent tout sur leur passage ; l'esprit submergé de fluides destructeurs, ils vous poussent sur le chemin du mal.

– Comment peut-on transformer le mal en bien et effacer la violence de la face de la terre sans en laisser le moindre souvenir ?

– Seul l'Amour peut vous aider à le faire !

– Et l'Amour n'habite que le cœur humain... Est-ce pour cette raison que nous entamons cette conversation de cœur à cœur ?

– Oui, tu as la faculté d'entendre finement les pensées du cœur des autres...

– Aussi parlerai-je au nom de tes citoyens, tel un ambassadeur de France... Ce rôle, ne serait-il pas trop important pour moi ?

– C'est moi-même qui t'ai choisie pour être unie à moi par les liens du cœur.

– Je fléchis le genou devant toi, et je te remercie infiniment pour l'amour que tu m'accordes, à moi, étrangère, qui suis pourtant cœur et âme avec toi.

– Très bien, mon amie ! Je vois que nous nous entendons parfaitement. Poursuivons donc notre chemin vers l'Éternité. Mais aujourd'hui, faisons une brève station devant l'autel de la cathédrale Notre-Dame, en y déposant nos offrandes que seul un cœur ouvert peut accepter.

La cathédrale Notre-Dame de Paris

Sous les voûtes de Notre-Dame de Paris, un grand cœur ardent accomplit sans répit son œuvre invisible. Il est fatigué surtout pendant la journée, lorsqu'un immense flot humain traverse son portail grand ouvert. Chaleureux, le cœur de la cathédrale cherche à offrir une parcelle de son amour sur l'autel érigé dans la poitrine de chaque être. Beaucoup acceptent ce cadeau. Tels des oiseaux, ils s'envolent pour divers pays où ils partagent généreusement leurs meilleurs souvenirs. Le cœur de la cathédrale s'enflamme d'une joie nouvelle à chaque fois qu'il voit jaillir des étincelles de ces cœurs reconnaissants dispersés à travers le monde. Mais du froid émane de ceux qui viennent sous ses voûtes sans y apporter un grain d'amour, qui regardent ses ornements avec indifférence ou parfois une aversion cachée. Promenant un regard glacial sur les mosaïques irisées, ces gens ressemblent à des vampires buvant le sang de la cathédrale même... Le cœur de Notre-Dame se serre de douleur en rencontrant les cœurs rabougris rongés par la haine.

Comme il est difficile d'être au service de l'Amour quand il faut aimer celui qui manifeste de l'animosité à ton égard ! Qui mieux que le cœur de Notre-Dame peut le savoir ? Il dépense ses forces sans compter, observant depuis des siècles les foules qui déferlent dans sa nef. Beaucoup sont aigris : ils ont reçu peu d'amour de leurs parents, de leurs proches, de leurs amis, du monde environnant, de leur pays... D'ailleurs, eux-mêmes n'ont pas su dépasser la solitude intérieure et la souffrance causée par l'inimitié, faire grandir l'étincelle qui couve dans leur cœur pour offrir sa chaleur à leurs parents, à leurs proches, à leur entourage, à leur pays... Le cœur de la cathédrale est loin de mesurer les dettes des uns envers les autres, puisqu'il est à tout instant au service de l'Amour, le prodiguant à chaque être pénétrant sous ses voûtes élancées. Et ce n'est que la nuit, resté seul, qu'il parvient à se guérir des blessures causées par la haine des personnes venues ici par hasard, étrangères à l'esprit d'oraison. Ainsi, le cœur prodigue ses cadeaux du lever au coucher du soleil ; et à l'heure du crépuscule, il est surpris de découvrir que cela le rend de plus en plus fort. L'Amour, c'est lui qui veille sur son fruit, protégeant le cœur de la cathédrale contre les flèches empoisonnées de haine. Les êtres humains, ce sont eux qui dirigent leurs cœurs vers la cathédrale, dans l'espoir d'y revenir un jour, tels des oiseaux migrateurs. Le cœur de la cathédrale n'oublie jamais ceux qui se tournent sincèrement vers lui. Ils sont déjà unis par les liens invisibles malgré la couleur de leur peau, leurs opinions religieuses et leur appartenance géographique. Le cœur de Notre-Dame enveloppe de son amour chacun de ses enfants bien-aimés où qu'il soit... Lorsque l'union des cœurs est scellée à la cathédrale par l'Amour, comment peuvent-ils choisir un autre chemin que celui de son service ! Bien sûr, seul l'Amour est leur guide. Et c'est l'amour que le cœur de la cathédrale offre à ses fidèles qui est leur fil d'Ariane...

Les paroles sacrées du cœur ne peuvent être entendues que par celui qui les écoute pieusement. Souvent, les auditeurs et les disciples les plus reconnaissants d'un temple sont les pierres de ses fondations. Son cœur sait combien la vie d'une pierre sculptée, qui représente un ouvrier de la Lumière, est parfois pénible. Un froid glaçant qui émane de certaines personnes fait tressaillir même une statue immobile...

À l'instar de l'Amour, son protecteur, le cœur de la cathédrale est tenu de prendre soin de tout : du grain de sable qui donne au ciment sa solidité et des figures taillées en pierre, dont l'esprit invisible plane dans les cieux...

L'homme vit tant que son cœur bat. Et si le cœur de la cathédrale cessait de battre, ses voûtes de pierre s'écrouleraient...

Cœur ardent, n'es-tu pas fatigué d'accomplir ton œuvre et, à l'exemple de notre Sauveur, de ressusciter les morts en ravivant leur étincelle expirante ? Auras-tu le courage d'offrir ton amour infini à ceux qui ne déversent sur ton autel que des flots de haine ? Jusqu'à quand porteras-tu ta croix, intimement persuadé que ta charge est la meilleure du monde ? Tu es gardien et protecteur, tu es seigneur et serviteur, tu es un pasteur et ses ouailles, unis par la prière et le service de l'Amour sacré. Les trésors éternels s'acquièrent nuit et jour. Le souffle créateur est actif tout au long des siècles : l'inspiration est l'absorption des flots de haine ; l'expiration est le jaillissement du feu d'amour, prêt à envelopper le monde entier... Cœur de la cathédrale, tu es un bourgeon de vie ardent, comparable à une fleur qui aspire la poussière des chemins et émet en retour l'oxygène, sans lequel l'homme ne vit pas. Cœur de Notre-Dame, tu es au carrefour de l'histoire de ta ville, de ton peuple, de ton pays... Trop de choses de ce monde dépendent de ta respiration régulière. Tu as le courage d'aimer ceux qui ne t'aiment pas. Que ton œuvre sacrée serve d'exemple à celui qui est déjà passé sous tes voûtes élancées ! Qu'une parcelle de ta flamme renaisse dans la poitrine de chaque personne qui marchera sur la terre dans les temps à venir ! Le cœur qui repose sous ces voûtes de pierres est un temple d'amour. Les mûrs silencieux qui l'enserrent ne peuvent pas pour autant limiter sa structure subtile. Entouré d'une nuée de feux éthérés, le cœur de la cathédrale grandit, se dilate et développe son amour parfait, qu'il partage avec nous, voyageurs solitaires, qui cheminons en quête de notre étoile...

Ô pays généreux, me voici à genoux dans ton temple. Et voir passer à toute vitesse ce flot humain ne m'étonne plus : je comprends que beaucoup ont trouvé la direction vers l'esprit de transfiguration. Le temple de leurs rêves les a toujours guidés dans leur recherche spirituelle. Certains d'entre eux ont pu voir la réalisation de cet idéal, ayant franchi le grand portail de Notre-Dame.

Bénie soit ton œuvre ! Rien n'est plus beau que le service de l'Amour ! Je murmure ces paroles en scrutant le « vide » transparent sous les voûtes de la cathédrale. Mais une autre image apparaît devant l'œil de mon cœur : des milliers d'âmes tournent leur regard vers l'espace au-dessus et dispensent avec gratitude leur chaleur à toutes les sphères alentour. Leur souhait intime est que tous ceux qui ont connu la souffrance et le désespoir soient enfin emplis d'amour universel. Et même si aujourd'hui certains sont comme une pierre immobile, demain ils connaîtront l'éveil, et leurs cœurs retrouveront la paix sous les voûtes élancées, se mettant au service de l'Amour... Si nous parvenons à bâtir notre temple intérieur, l'Amour y trouvera son refuge éternel et demeurera à jamais avec nous...

– Aujourd'hui, notre offrande est constituée d'émanations du cœur. Donnera-t-elle de nouvelles forces à notre ami ?

– Bien entendu, le cœur de Notre-Dame a reçu une nouvelle impulsion. Si au moins une personne offrait une fois par jour ses pensées cordiales sur l'autel de tout temple, la force de l'Amour grandirait.

– Alors, il gagnerait plus de cœurs humains ?

– C'est bien cela...

– Mais pourquoi est-ce ici que nous en parlons, en projetant aussi notre regard vers l'intérieur d'autres temples ?

– Ces édifices apparaissent en premier à l'esprit de celui qui cherche une voie salutaire conduisant aux cimes du monde céleste. Le temple est un repère juste pour qui traverse les ténèbres profondes de l'ignorance.

– Je comprends... Mais j'ai une question. Les cœurs qui s'éveillent courent-ils les dangers propres à ce chemin ?

– Ce chemin est épineux mais joyeux. Et chacun le suit à sa manière. Certains révèlent leur nature vraiment angélique, d'autres laissent le dogmatisme envahir leur esprit ; quelqu'un devient fanatique, poussé par son zèle à se montrer plus servile que serviable...

– Et voir sous ses voûtes des foules de fanatiques, rend-il le cœur de la cathédrale encore plus triste ?

– Lourde est la croix de la cathédrale !

– Ce fardeau, tombe-t-il aussi sur les épaules de ses serviteurs visibles ?

– C'est cela. Ils ont parfois le cœur rudement blessé par le service harassant auprès des âmes en souffrance.

– J'ai l'impression que le monde crie ! Un manque d'amour... Une agressivité accrue... On dirait le dernier hurlement de l'entité humaine agonisante de douleur. Seul l'Amour aurait pu sauver l'âme en détresse. Or nous, les êtres humains, nous rendons le plus souvent à notre agresseur la monnaie de sa pièce. C'est un vrai cercle vicieux...

– C'est de cela que nous traiterons, en nous efforçant de trouver les pensées qui pourront briser ces cercles créés par l'esprit inconscient de l'homme.

– Mais l'intellect gouverné par le cœur, acquiert-il un autre statut ?

– Il s'engage déjà sur la voie de la Sagesse.

– Pour moi, rien n'est plus beau qu'un dialogue de cœur à cœur.

– Très bien ! Demain est un jour nouveau. À l'aube, nous reprendrons notre conversation cordiale.

Le 3 novembre 2006

– Le don énergétique est très important aussi bien pour la vie de la planète que pour celle d'un seul pays.

– Comment est le tableau énergétique de tes terres ?

– Il est assez bigarré. Les tons émeraude y prédominent, alors que les gammes de rose et de lilas devraient régner à la charnière des derniers millénaires.

– À mon sens, il s'agit d'un fond mental où la raison l'emporte sur l'intuition du cœur.

– On pourrait dire ainsi.

– La chaleur du Soleil, agit-elle sur la constitution de la psychologie d'une nation ?

– Le rôle du Soleil est très important, surtout pour une nation qui est appelée à avancer sous l'égide de son feu...

– Au niveau des structures denses, seul le cœur, à mon avis, peut assimiler l'énergie de ce type.

– C'est vrai. La Lune a surtout de l'influence sur le corps mental, stimulant doublement la pensée.

– Cela veut dire que les émanations lunaires occupent ici des positions assez stables.

– De plus, elles sont en ébullition et cherchent à éclipser la lumière du Soleil.

– Laquelle, à son tour, a besoin de s'intensifier ? N'est-ce pas pour cette raison que se produisent des changements climatiques ?

– Le feu est indispensable à la respiration de l'homme par les centres énergétiques. De même qu'un manque d'oxygène provoque l'asphyxie et met en danger son corps physique, l'absence de feu peut entraîner la mort de ses structures subtiles.

– Il est clair que chaque centre énergétique respire les feux de la couleur appropriée. Mais dans quelle mesure

parvient-il à assimiler un feu faisant partie d'une autre gamme ?

– Il existe une flamme hétérogène composée des feux solaires et lunaires. Mais elle est très peu sollicitée, car chaque centre énergétique immature cherche à tirer la couverture à lui pour augmenter sa force. Alors, on observe un déséquilibre en faveur d'un corps et au détriment des autres.

– Ce qui aboutit à une émotivité excessive et, peut-être, à un raisonnement froid basé sur la négation de toute chose ?

– Ces cas de déséquilibre existent. L'oubli de la vie du cœur en est la raison.

– La flamme hétérogène, où doit-elle s'établir ?

– Essentiellement au niveau du cœur, où doivent dominer les « ingrédients » solaires ; et au niveau du plexus cœliaque, avec une légère prédominance des feux lunaires qui ont absorbé des émanations du Soleil.

– C'est-à-dire la flamme qui se répand à la pleine lune ?

– Oui. En ce moment surgissent les fluides de nature différente, qui ont quelques particularités. La Lune nous renvoie la lumière et l'énergie solaire. Aussi ne faut-il pas négliger le rôle positif qu'elle peut jouer à certaines étapes de l'Évolution.

– Peut-elle absorber la lumière stellaire ? D'ailleurs, un pays, a-t-il une bonne étoile ?

– Pour ce qui concerne la Lune, elle n'absorbe les émanations des astres lointains que partiellement en réfléchissant la lumière abondante du Soleil, qui est le seul à être capable de les assimiler pleinement.

– Je suppose que le Soleil crée, lui aussi, son feu hétérogène en mêlant ses rayons à ceux des constellations lointaines.

– Et ce feu alimente toutes les sphères subtiles, ayant pour objectif de nourrir les pays et les peuples qui sont globalement en rapport avec l'évolution des êtres de nature solaire. Il est connu que la Lune peut résonner à deux niveaux, bas et relativement élevé. Son foyer attire des êtres de nature principalement lunaire, qui sont trop attachés au monde physique.

– La lumière du Soleil, agit-elle sur l'homme de la même façon que sur les flux et les reflux de la mer ?

– Son influence sur l'homme est encore plus importante. Il n'imagine même pas à quel point il est exposé au danger lors du changement des phases de la Lune, surtout pendant la nouvelle et la pleine lune.

– En d'autres termes, les eaux intracellulaires de l'organisme humain ont leurs flux et leurs reflux.

– De plus, ils peuvent vous apporter de l'énergie vitale ou vous en priver.

– Mais le fait que des milliers de personnes ont perdu ici leur vie peut nous faire croire que la lumière du Soleil est nocive.

– C'est avant tout le résultat de l'inaptitude de leurs centres énergétiques à assimiler des émanations de très haute fréquence. D'ailleurs, ce n'est pas la seule raison du départ d'un tel nombre de personnes. Certains se sont vraiment sacrifiés. Grâce à eux, une nouvelle matrice de vie s'est formée à l'échelle de la nation entière.

– On dirait un acte d'initiation.

– L'initiation témoigne de la capacité de recevoir et de maîtriser les feux d'une fréquence plus élevée.

– La nation a donc eu la grande chance de gravir une marche plus haute ?

– C'est ainsi. Mais, en gros, tous les gens se sont divisés en deux camps. Les uns se sont orientés vers la compréhension des aspects spirituels et éthiques de la vie ; les autres ont révélé le côté vil de leur nature lunaire et ont porté au monde des émanations destructrices au lieu de la force vivifiante.

– L'insensibilité est le principal coupable, n'est-ce pas ?

– Oui, toi et moi, nous pouvons voir que l'absence, ou plutôt un manque de fluides cordiaux est à l'origine de tous les excès et de l'agressivité accrue. Cependant, nous ne faisons pas partie de ceux qui ont l'intention de rendre justice en divisant le monde en deux camps : coupables et innocents. Bourreaux et victimes... Laissons tout cela au passé ! Parlons plutôt des auteurs de leur propre destin ! Ils ont déjà joué le rôle de victime, tout en étant leurs propres bourreaux. C'en est assez ! Le temps nous dicte aujourd'hui ses conditions : vivre une vie nouvelle !

– Chaque personne est comme une cellule d'un seul et même organisme, en l'occurrence celui d'un pays. Pouvons-nous considérer un pays en tant qu'une entité à part entière, ayant son caractère et sa destinée ?

– Si moi, le cœur de France, je suis en train de parler avec toi, je possède donc un corps vivant, qui fait partie de moi-même.

– Et ton sang, c'est l'énergie qui coule comme un flot vivifiant dans les multiples artères invisibles du pays ?

– Qui plus est, je suis un carrefour où se croisent les émanations du passé et du futur ; et je suis à la fois un lieu où se rencontrent la terre et le ciel, le monde visible et le monde invisible, le corps et l'esprit...

– Qu'en penses-tu, dans quelle mesure ton peuple comprendra-t-il notre dialogue ?

– Ceux qui suivent les voies du Soleil assimileront cette parole avec une immense joie, et leurs cœurs palpiteront, inondés d'une lumière irisée. Quant aux êtres lunaires, ils ont pour le moment d'autres valeurs, étant plus portés sur les choses périssables. Ils prononcent leur propre sentence de mort, car celui qui cause une destruction s'autodétruit. On ne peut donner que ce qu'on possède.

– Je vois. Cœur plein d'amour, tu ne peux donner que de l'amour, enveloppant dans ta chaleur tous les êtres saisis par le froid de l'inimitié... C'est magnifique de savoir qu'il y a au monde quelqu'un qui ne juge pas, ne blesse, ni ne tue personne avec son indifférence, mais qui tend la main à un enfant égaré et le serre contre sa poitrine ! Je crois que, si tu n'étais pas, il aurait fallu t'inventer... Mais tu es ! Et tu seras toujours là pour ceux qui sont capables de parler de cœur à cœur.

L'Amour

L'Amour ! Il fut longtemps porté au sein du Cœur ardent du pays. Telle une étoile de nuit, le Cœur veillait sur le sommeil paisible des terres sur lesquelles s'étendait un état qui ignorait encore sa mystérieuse destinée... Le matin approchait, l'heure du réveil était plus proche que jamais. « Il est temps ! » souffla doucement le Cœur, ayant senti que le fruit de son sein était prêt à sortir... Ainsi vint au monde un enfant tissé des fluides cordiaux... Y a-t-il pour le Cœur quelque chose de plus sublime, de plus mystérieux que l'Amour ? Le Cœur baptisa de ce nom son enfant bien aimé...

À l'aube, comme une étoile filante, l'Amour descendit sur la terre. Il apporta des dons innombrables pour les prodiguer à tous ceux qu'il rencontrerait sur sa route. Posé au croisement des chemins poussiéreux, que le Soleil n'avait pas encore éclairés, l'Amour cherchait où diriger ses pas. Était-il bien attendu ? Les hommes, étaient-ils prêts à recevoir ses cadeaux ? En quelque sorte, l'Amour était soucieux de connaître la réponse à toutes ces questions. Mais il savait une seule chose : toutes les difficultés au cours de sa route, il devrait les surmonter uniquement grâce à la force qui l'habitait. L'amour, telle est la solution finale à tous les problèmes. Oui, l'Amour avait le droit d'utiliser une seule monnaie courante dans les sphères terrestres. Et, chargé de sa croix de miséricorde, il fit un premier pas au fond des espaces qui ne l'avaient jamais connu.

Au loin surgit une petite lumière. L'Amour alla dans cette direction. Il aperçut une petite fille aux apparences angéliques à la fenêtre d'une maison. Mais, à la différence des êtres célestes dont les yeux brillent de joie, elle était en pleurs. Ses larmes reflétaient la lumière cristallisée par ses rêves d'enfant... L'Amour entendit une violente apostrophe de la mère. Et aussitôt, le petit cœur de l'enfant, tel un oiseau en cage, tressaillit de peur. L'Amour, comme un rayon du soleil matinal, traversa la vitre et vit une scène terrifiante : le père ivre, la mère rustre, les corps à moitié nécrosés des aïeuls... Toute la maison respirait la poussière. À qui d'abord devait-il offrir ses fluides vivifiants ? L'Amour fit le premier geste vers l'enfant pour l'entourer de sa chaleur. Puis soudain, il distingua les formes pensées qui avaient causé les pleurs de la fille. Elle avait besoin d'une mère aimante, bonne et compréhensive. Elle avait besoin d'un père fort, courageux et miséricordieux. Enfin, elle voulait entendre des paroles douces de la bouche de ceux qui étaient toujours occupés à maudire le monde entier : ses grands-parents choyaient leurs douleurs plutôt que leur petite-fille. Ô, combien elle aurait voulu se blottir contre leur poitrine et partager avec eux la flamme de son petit cœur ! Mais ils la repoussaient, tous, grossièrement, car ils étaient sous l'emprise de la vanité. Alors l'Amour décida de procéder autrement. Ayant rempli ses mains de lumière, il les tendit à la femme brutale en neutralisant ainsi le souffle glacial qui sortait de sa poitrine. Mais il devrait offrir des efforts énormes pour faire monter très haut la flamme de charité. Interrompre sa course et rester ici pour enflammer de jour en jour les cœurs humains, ou poursuivre son chemin sur la terre et répondre à l'appel des cœurs en souffrance ? Certes, l'Amour aurait pu prendre la petite fille par la main et l'emmener de cette maison. Mais la fille aimait cette mère sauvage, ce père toujours ivre, cette masure, cette bourgade perdue et tout ce qui composait son monde intérieur lié à ces personnes, à cette terre. L'Amour paraissait désemparé. Alors il décida d'écouter le cœur de l'enfant, ceux des autres habitants de la maison étant en léthargie. Le cœur de la petite fille ne demandait qu'une chose : voir ce monde aussi généreux que le prêtre qu'elle avait rencontré le dimanche précédent à la foire où son père l'avait amenée pour la première fois. Entraîné dans une rixe, le père l'avait frappée violemment au moment où elle essayait de s'interposer entre lui et ses compagnons de beuverie. Soudain, un prêtre était apparu. Une seule de ses paroles avait suffi pour les dégriser. Avec soin, il avait essuyé chaque larme de la petite fille, qui croyait voir Dieu en personne descendre du Ciel. En quelques instants, elle avait reçu autant de tendresse et de chaleur qu'elle n'en avait jamais eues dans toute sa vie...

Et l'Amour eut l'idée de prendre les apparences de ce prêtre... Il pourrait alors trouver refuge derrière les murs épais de l'église. Seulement, même s'il pouvait y attirer des milliers de fidèles, n'arrêterait-il pas sa route ? Mon Dieu, il ne pouvait pas se diviser en morceaux ! « Pourquoi pas, pensa l'Amour, je pourrai ainsi être partout à la fois et utile à tous ceux qui ont besoin de mes fluides. Oui, mais je perdrai alors mon intégrité, mon influence sur le cœur humain perdra de sa force... » Et l'Amour décida de se donner une qualité nouvelle. Lui-même était un fruit du Cœur. C'était alors son tour d'engendrer des myriades d'étincelles pour en parsemer les chemins infinis. Celui qui cherche à avancer dans la vie par les sentiers éternels pourrait alors remarquer un grain de lumière dans la poussière et tendre la main pour saisir cette trouvaille précieuse...

Le temps de jeter des pierres échu, vint le temps de les ramasser... L'Amour suivit l'orbite de son destin. Il connut la vie dans ses multiples facettes au niveau des cœurs humains, en passant de maison en maison, d'église en église. Il porta des centaines de milliers de vêtements, embrasant de sa lumière sublime l'autel des cœurs humains. Il se vêtit de plumes d'oiseau, s'orna de pétales de fleurs, se jeta dans les fleuves impétueux et vola au-dessus des nuages. L'Amour laissa partout ses marques ineffaçables. Et, en retournant à la maison paternelle, il exhorta les cœurs humains à le suivre...

– Est-il facile d'être sur la piste de l'Amour ?

– Oui, si vous faites un premier pas vers votre cœur.

– Est-ce là notre point de départ ?

– Oui, car notre chemin est à l'intérieur de nous-mêmes. Et lorsque nous sommes touchés par les émanations de l'Amour, notre cœur se dilate à l'infini, capable d'embrasser non seulement nos proches, notre famille, notre nation, notre pays, mais aussi l'immense océan de l'éternité...

– Dis-moi, ô noble Cœur, s'il y a dans ton pays des personnes aptes à contenir l'incontenable.

– Leur nombre s'accroît de jour en jour, parce qu'ils ont eu assez d'intelligence pour écouter leur cœur...

– Penses-tu que ton peuple puisse être le soutien du continent entier, car il est écrit, dans certains anciens manuscrits, que l'Europe n'a pas d'avenir ?

– Seules les choses périssables et sujettes à la destruction n'ont pas d'avenir. L'alliance des cœurs s'établit hors du temps et des frontières. Et les motifs nouveaux viennent remplacer les conventions surannées, les liens de sang cèdent leur place aux liens spirituels.

– Ne serait-ce pas un prétexte pour redessiner les frontières ?

– Cela entraînera l'effacement des frontières...

– Et l'Europe a déjà fait un premier pas dans cette direction...

– Si elle réalise une série d'actes de sagesse, alors tout le continent sera saisi de l'esprit de transformation.

– Peut-être pourrons-nous l'associer à une notion telle que « mariage alchimique » ?

– Ce terme est tout à fait approprié, vu les tâches qui se poseront dans l'avenir.

– Ô Cœur de France, bénie soit ta terre qui a nourri tant d'âmes sages ! Une multitude de saints te soutiennent et te protègent dans toutes tes bonnes entreprises...

– Leur nombre sera encore plus important, bien qu'aujourd'hui leurs figures soient invisibles, car leur dos est courbé sous la croix qu'ils portent en marchant vers le monde céleste.

– Ils bâtiront le temple dans leurs cœurs, où l'Amour s'établira à jamais, après avoir fait ses grandes semailles, n'est-ce pas ?

– Oui, mon amie, il en sera ainsi ! Tels de célèbres maçons, nous devrons, toi et moi, réaliser une grande œuvre en pétrissant le mortier avec l'amour de nos cœurs !

– Alors, je n'ai qu'à m'exclamer : « Béni sois-tu, ô Cœur magnanime de France ! Béni soit à jamais le cœur de Notre-Dame de Paris, pareil au Soleil ! Sous ses voûtes s'est tenu notre deuxième dialogue qui nous a rapprochés encore l'un de l'autre ! Béni soit le Chemin du Cœur ! »

Le 4 novembre 2006

– Plusieurs héros sont venus à différentes époques. Ils avaient pour objectif d'aider leurs prochains, leur entourage et leur pays. Leurs cœurs étaient embrasés du feu solaire, qui parfois débordait, mais les émanations des mondes lunaires s'y opposaient aussitôt. Des supplices et la mort attendaient les nobles voyageurs...

– Mais leurs âmes y revenaient toujours ?

– Nul d'entre eux ne connaissait la rancune. De vie en vie, ils gardaient un seul désir : guérir le monde avec l'Amour.

– C'est la voie du Christ... Seules les âmes solaires ne dévient pas en cherchant des chemins plus faciles... Dis-moi, ô Cœur magnanime, pourquoi ton pays, marqué du sceau des feux solaires, abrite un nombre si grand de personnes qui préfèrent les sentiers lunaires.

– Pour la plupart, c'est un choix inconscient. Si l'on considère la nation comme un être à part entière, alors on peut la comparer à un adolescent qui, n'ayant pas encore atteint l'âge mûr, garde quelques marques puériles, ne lui en déplaise... Bien entendu, il y a dans le pays des esprits qui suivent fermement le chemin de la Sagesse. Mais, comme d'habitude, les précurseurs ne sont pas si nombreux. Ce qui est important, c'est que notre adolescent métaphorique a une immense soif de connaissances et qu'il croit en son avenir radieux.

– Le Christ disait : « Soyez comme des enfants ! » Est-ce pour cette raison que nous donnons ici le sens plutôt positif au terme « infantilisme » ?

– Il recèle un énorme potentiel d'énergie. On peut dire, en parlant de ce pays, qu'il jouera son rôle clé.

– Cela veut-il dire que cet organisme possède une matière plus souple au niveau de ses structures vitales ?

– Sans doute, il y a ici une part de vérité.

– Et la vérité totale, peut-elle être révélée ?

– Pour intégrer la vérité dans sa totalité, il faut avoir un cœur ouvert, l'intellect étant très limité par sa propre vision des choses.

– Je comprends. Pénétrer l'impénétrable est l'apanage du cœur. Il s'ensuit que notre dialogue, auquel nous invitons tous les cœurs, peut stimuler considérablement leur éveil ?

– Bien sûr. Et maintenant, mon amie, réponds-moi : quels sont les motifs intérieurs qui t'incitent à revenir encore et encore ici, où tu avais été si cruellement traitée dans le passé ?

– J'ai toujours vu la cathédrale Notre-Dame dans mes rêves... Du reste, c'est le côté extérieur. Mais mon âme aspirait à y revenir. Et ses raisons profondes étaient impénétrables pour mon intellect... Il y a quelques années, quand je séjournais à la haute montagne, j'étais réveillée en pleine nuit par ma propre voix : je m'exprimais en français. L'Himalaya en est témoin ! Depuis le temps reculé jusqu'à nos jours, je ne connais pas le français. D'ailleurs, ce n'est pas un obstacle à notre compréhension réciproque, car toi et moi, nous parlons la langue du cœur.

– Souvent, les personnes de la même nationalité, parlant la même langue, ne s'entendent pas. La langue du cœur est universelle, on la comprend sans paroles...

– Il est possible que, à l'instar de l'Amour, je parcours les chemins de la terre en quête de ceux qui comprennent la langue dans laquelle j'ai toujours voulu m'exprimer,

celle du cœur. Peut-être ce peuple ne comprit-il pas autrefois ce que je voulais lui dire ; et aujourd'hui, j'essaie à nouveau de déposer mes présents sur l'autel dressé dans les cœurs humains. Mais ne suis-je pas trop insistante en proposant le don qui fut rejeté une fois ?

– Ici, la raison est à l'honneur ; mais le cœur n'occupe pas, pour l'instant, la place qui lui revient d'après les Lois de l'Éternité.

– Y a-t-il quelqu'un dans le monde qui ne désire pas aimer et être aimée ? Ce sentiment de joie est étranger à l'intellect, aussi développé soit-il !

– Certes, presque chaque cœur éprouve une soif d'amour inapaisée...

– Mais l'homme reste, on ne sait pourquoi, en attente de l'amour sans oser faire un premier pas à sa rencontre...

– Il a si peu confiance en lui-même, ignorant la force cachée qu'il possède... Mais, nous nous sommes écartés de notre sujet.

– Oui, à vrai dire, j'accorde la plus grande importance à la reconnaissance des cœurs humains. J'ai parcouru trop de chemins ; trop souvent mes mains pleines d'amour ont été brûlées par l'indifférence glaciale de l'être humain. Je ne sais pourquoi, mon plus grand désir était de rapprocher de l'Amour ceux qui, dans le passé, avaient mis la main à sa destruction... Donner à un traître la chance de retrouver la paix de l'âme, sentir son cœur transformé par le repentir, le voir dans les bras de l'Amour — c'est la meilleure récompense pour moi. Offrir la chaleur de son amour à ses anciens ennemis, c'est la plus belle voie indiquée à chaque cœur...

Le Sacré-Cœur

Le Sacré-Cœur avait ses propres lois qui l'incitaient de tout temps à l'abnégation totale. Mais qui donc aurait pu être au-dessus de lui, s'octroyant le privilège du législateur ? Peut-être le Créateur des Univers. Mais Dieu est Amour, c'est une vérité incontestable. Alors l'Amour était l'arbitre suprême devant lequel s'inclinaient les cœurs respectueux de la Loi. La voie sacrée était indiquée depuis le ciel, et celui qui ne déviait pas de cette direction recevait des émanations de sainteté. Le Sacré-Cœur avait un seul avantage : ayant déjà parcouru des routes plongées dans la nuit de l'ignorance, il emprunta enfin le chemin de lumière conduisant aux nouveaux acquis. Des milliers de milliers de cœurs cherchaient encore des voies de salut, ils se fiaient à leur faible lueur d'intuition qui, telle une perle enfermée dans sa coquille, demeurait dans la poitrine humaine. Le Sacré-Cœur était déjà parvenu à étendre les limites étroites et à élargir son horizon...

En bas, on voyait de petites lumières allumées de main d'homme. Elles étaient partout : toute chose touchée par une personne honnête gardait ses empreintes ineffaçables. Certains faisaient jaillir des étincelles de lumière, d'autres cherchaient à les piétiner. Ayant atteint les hauteurs inaccessibles, Le Sacré-Cœur allait tomber et s'éparpiller en centaines de parcelles lumineuses. Mais comme si une main toute-puissante l'avait retenu, lui indiquant la direction à suivre pour arriver au sommet des connaissances plus élevées... Le Sacré-Cœur avait déjà sa sainte mission. Et il n'avait plus le droit de perdre son intégrité. Il tourna ses yeux vers l'intérieur de lui-même, et découvrit avec une infinie tendresse celui qui s'y cachait. C'était un petit garçon qui avait une image rayonnante de petite fille gravée dans son cœur...

« Quel songe étonnant ! » pensa un jeune homme, sortant du rêve qui l'avait engourdi. Il vit clairement la pleine lune qui lui coulait un regard à travers la fenêtre. « Le Sacré-Cœur..., murmura-t-il, cela n'a rien à voir avec moi. Je suis un homme ordinaire, je ne vais même pas à l'église. Mes études et mes amis occupent tout mon temps. C'est absurde ! Il est plus qu'étrange de faire un rêve pareil après une fête agitée... » Le jeune homme sortit du lit et s'approcha de la fenêtre. Calme et immobile, la lune le regardait dans les yeux, comme si elle voulait y découvrir un secret. Par moments, sans dire un mot, le jeune homme détournait son regard confus : « Le Sacré-Cœur... » Soudain, il saisit ses vêtements qui traînaient par terre, les enfila promptement. Il quitta sa maison et courut comme une flèche vers la basilique, qui surplombait la ville endormie... Tel un gardien géant, le Sacré-Cœur se dessinait sur le fond du ciel, voilé d'un léger brouillard... Le jeune homme se pressa de monter en glissant et trébuchant sur les marches mouillées par la pluie nocturne. Là-haut, là-haut ! Mais qu'est-ce qui l'attendait là-haut ? Vers quoi se précipitait-il ? Il ne lui était pas donné de le savoir, à lui qui s'approchait pour la première fois de la basilique. Et le voilà devant son immense portail, qui renferme comme dans une coquille son trésor gardé par les dernières ombres de la nuit.

Le jeune homme se posa sur les dalles de pierre et ressentit dans le dos le froid glaçant du portail fermé... « Le Sacré-Cœur... », murmura-t-il à nouveau, essayant de vaincre le frisson qui l'avait saisi. Soudain, il se sentit comme un petit enfant serré contre le large dos d'un père vaillant. « Mon père ! », s'écria-t-il, rebondit aussitôt, et se mit à genoux. Les bandes de brouillard humide se dissipèrent, comme d'un coup de baguette magique. Et la Lune dévoila sa face, comme si elle était ravie de voir la scène qui se déroulait devant elle. « Le Sacré-Cœur ! dit le jeune homme cette fois-ci à pleine voix, je peux ressentir en toi la force paternelle et la tendresse maternelle. Je me sens comme un nouveau-né qui a devant lui toute la vie en couleurs irisées. Où est parti mon sentiment de vide intérieur ? Où sont passées mes peurs ? Où est resté le monde qui m'absorbait auparavant ? Le Sacré-Cœur, tu m'as sorti d'un long sommeil ! Tu m'as montré l'existence d'un grand mystère qui a un rapport direct avec moi. » Le jeune homme se retourna et jeta un coup d'œil rapide sur son ancienne vie restée quelque part en bas. Il savait qu'il ne reviendrait plus jamais là où règne l'indifférence, où la raison de l'homme justifie toutes les iniquités qui le poussent au crime contre lui-même. Cet univers n'avait plus d'emprise sur lui : ce jour-là il avait ressenti, pour la première fois de sa vie, la joie qui signifiait qu'il existait un autre monde, plus parfait, et qu'il était dans son cœur. Il suffisait d'écarter les valves serrées de la coquille pour faire apparaître la perle d'une blancheur éclatante, son âme généreuse.

L'aube trouva le jeune homme agenouillé à l'entrée de la basilique. Jamais auparavant le Soleil n'avait vu de sacrement pareil : devant la porte de l'église, un homme se confessait avec une ferveur rarement vue par les prêtres. Le jeune homme était si profondément touché par l'esprit de repentir : sans nul doute, son âme avait trouvé le chemin du salut.

Les rayons du soleil entourèrent le jeune homme d'un cercle étroit, l'aidant à laver les souillures des vêtements de son esprit. Les idées se succédaient, illuminant comme par un coup de lumière son cerveau. Il débordait déjà de pensées altruistes dirigées vers le monde entier. Projetée par les rêves de son cœur, une auréole tissée des rais du soleil apparut soudain face à la Lune, qui fondit dans le ciel. Elle comprit qu'elle venait de perdre un voyageur des nuits. Ce jour-là il changea de camp, devint fils du Soleil. « Quelle joyeuse perte ! » pensa la Lune...

La basilique était déjà entièrement prise dans une étreinte ardente du Soleil. Ayant franchi pour la première fois le seuil de l'église, le jeune homme avançait d'un pas ferme vers l'autel, le regard rivé sur Celui qui offrait à tout le monde son cœur flamboyant. Le jeune homme eut l'impression de se trouver au sein de ce cœur. Des gens circulaient de tous côtés, s'affairaient à sortir leur petite monnaie et à allumer des cierges... Mais le Sacré-Cœur, qui les avait accueillis, espérait voir autre chose : leurs cœurs enflammés. Le jeune homme regarda autour, cherchant quelqu'un avec qui il pourrait partager la force dont débordait son cœur réveillé. Et son regard s'arrêta sur une petite enfant que sa mère serrait tendrement contre son sein. « Nous sommes tous les deux nouveau-nés », pensa avec amour le jeune homme, enveloppant l'enfant dans ses fluides cordiaux, qui l'aideraient à ne pas tomber de ces marches élevées où notre destin céleste nous place dès l'origine.

– La naissance et la mort ! Elles marchent la main dans la main. Une nouvelle naissance nous est donnée au prix de la mort. Et nous avons à tout recommencer...

– Tel est le lot de tout ce qui vit, mon ami ! Le jour et la nuit cèdent le sceptre l'un à l'autre ; et la Lune, la reine de la nuit, descendra de son trône et ploiera le genou devant la royauté du Soleil.

– Ainsi plusieurs pays verront leur destin changer ? En changeant nous-mêmes, nous transformons des milliers autour de nous. Il est à présumer que la vie des états limitrophes de la France peut dépendre de ses actions ?

– Chaque pays est comme une cellule d'un organisme, de la santé de laquelle dépend la formule de vie des systèmes voisins.

– Et toi, Cœur de France, tu te sens très responsable vis-à-vis de tous tes proches ?

– C'est mon devoir karmique et ma sainte mission...

– Merci de m'avoir amenée aujourd'hui à la basilique du Sacré-Cœur. Je pense que son cœur est uni à celui de Notre-Dame par les liens invisibles du ciel.

– Leurs liens sont scellés par l'Amour.

– Que son règne soit éternel ici ! Et nous, simples mortels, n'avons qu'à fléchir le genou devant la grandeur des univers qui nous offrent leurs dons immortels.

– Celui qui est capable de garder ce présent dans sa poitrine possédera en vérité le Sacré-Cœur !

Le 5 novembre 2006

– On ne peut revenir dans le passé. Dans sa course tournée vers l'avenir lointain, le temps apporte de nouvelles possibilités. Mais le point de départ est le présent, le moment où l'on dit « maintenant ». L'être humain change constamment grâce à ce croisement des temps au sein de sa poitrine…

– Pourquoi la pensée philosophique plane-t-elle surtout entre les murs des églises ?

– Parce que l'homme vient ici pour retrouver sa paix intérieure, laissant derrière la porte ses pensées futiles. L'église peut être symboliquement un point de l'espace où la terre rejoint le ciel, où l'idée d'éternel emplit l'âme.

– Et cette idée se cristallise dans l'air, dans les voûtes de pierres, dans les vitraux… Nous captons les pensées des autres et inondons l'environnement des nôtres.

– C'est l'état d'esprit qui compte : une personne qui fait ses courses n'est pas sur la même longueur longueur d'onde que celle qui se hâte d'aller au travail ; mais leurs vibrations sont trop éloignées de la prière.

– Peut-être, le lieu même que nous aspirons à atteindre donne-t-il une tonalité précise à notre résonance intérieure.

– En poursuivant ton idée, on peut affirmer que, si notre regard intérieur est fixé sur cette même église ou sur l'océan céleste, nous acquerrons un nouvel état d'esprit, plus élevé, nous procurant une quiétude et une paix… Le temple est en nous, et il n'est rien d'autre que notre cœur.

– Dis, généreux Cœur de France, vois-tu ce qui demeure dans la poitrine de ton peuple ?

– Beaucoup ont de petites chapelles, chez certains on peut voir toute une cathédrale, d'autres sont habités par l'esprit monacal, d'autres encore ne présentent que des ruines... Mais j'aime surtout ceux dont les cœurs accueillent les étendues infinies de l'Éternité.

– Selon toi, combien est long le chemin qui conduit de la raison jusqu'au cœur ?

– Cela dépend non seulement de la motivation intérieure, mais aussi de la structure des tissus dont le corps de chacun est pourvu à sa naissance. Mais il n'y a rien d'impossible. La goutte creuse la pierre ; et un petit charbon se transmute en diamant par un mystérieux procédé alchimique.

– C'est vrai... Je vois beaucoup de petits charbons qui couvent dans ton pays. Posés dans le creuset, ils subissent un processus de transformation. Ô Cœur de France, n'es-tu pas ce Grand Alchimiste qui observe la réaction chimique ?

– Les nouvelles émanations viennent remplacer les anciennes, et les feux du Soleil deviennent de plus en plus incandescents, plongeant dans une étreinte ardente des peuples entiers, des pays et des continents.

– Un rôle de pionnier est-il aussi confié à ton peuple, de même qu'à ceux qui sont sous la juridiction du Soleil ?

– Certains pays occupent des positions énergétiques plus favorables. La situation de la France est plus compliquée, parce qu'elle se trouve à proximité d'un ancien continent englouti par les eaux océaniques.

– Tu parles de l'Atlantide ?

– Oui, et aussi d'un autre continent, plus ancien.

– Il est temps qu'ils émergent ?

– Cela se produit déjà partiellement. Les plaques tectoniques se déplacent...

– Dis-moi, l'activité volcanique sous-marine agit-elle d'une manière ou d'une autre sur l'état énergétique des terres voisines et sur leurs habitants ?

– Certainement. La réaction est immédiate. Les personnes psychiquement instables réagissent immédiatement par un accès de violence. Et cela se répercute sur les composantes vibratoires de tous les règnes inférieurs. Comme dans un miroir, les animaux reflètent sur-le-champ cet état émotionnel en devenant aussi plus agressifs. Les plantes, frappées par les émanations de basse fréquence, développent des maladies, et beaucoup meurent. Le taux vibratoire des minéraux baisse également.

– Et que peut-on proposer pour empêcher cette destruction ?

– L'Amour est porteur des feux universels. Seul lui peut accélérer le processus de restauration psychique de l'homme, le rétablissement commençant au niveau des fibres nerveuses altérées.

– Mais il est impossible d'apprendre à quelqu'un à aimer quand il s'y oppose. Peut-être, ne reste-t-il qu'une chose à faire : alimenter en particules de lumière l'espace qui l'entoure, afin qu'il les aspire de plus en plus.

– C'est justement ce que nous faisons en alimentant les sphères circumterrestres en fluides solaires.

– Pendant que j'écris ces lignes, un office se déroule à la basilique du Sacré-Cœur. Je ne comprends pas les paroles du prêtre, mais j'ai l'impression d'entendre une musique. Cela me fait penser que toi, le Cœur de France, tu peux parler en prenant différentes voix pour toucher les cœurs qui s'éveillent à une vie nouvelle.

– Le prêtre prononce des paroles très utiles, mais elles ne sont pas aussi importantes que les vibrations énergétiques qui émanent de son cœur.

– Je sens des frissons traverser tout mon corps... On dirait que l'état d'esprit du locuteur donne la tonalité aux fréquences perçues par ceux qui l'écoutent. C'est-

à-dire qu'un cérébral peut émouvoir notre esprit, faire rejaillir nos émotions ; mais une parole cordiale trouvera un écho dans le cœur.

– Oui, mon amie. Par ailleurs, c'est surtout une voix de femme qui fait vibrer les cordes du cœur du sexe opposé, et une voix d'homme a le plus grand effet sur les personnes du beau sexe.

– *Ce sujet est assez intéressant, j'aimerais le développer.*

– Nous parlerons plus tard des principes masculin et féminin, en examinant de près les questions relatives à l'interaction de leurs énergies et leur rôle dans la formation du tableau énergétique du pays. Et maintenant il est l'heure de déposer les cadeaux de nos cœurs sur l'autel du Sacré-Cœur.

L'histoire d'un ami

Un homme avait un grave problème qu'il n'était pas parvenu à résoudre au cours de toute sa vie. Il désirait ardemment avoir un ami auquel il aurait pu confier tout ce qu'il avait sur le cœur. Mais les personnes qu'il laissait parfois l'approcher adoptaient plus tard une attitude hostile à son égard. Certains s'octroyaient le rôle de maître, plutôt de donneur de leçons ; ils voulaient voir l'homme agir en suivant uniquement leurs conseils. Et si le dernier faisait à sa manière, alors ces soi-disant amis lui exprimaient aussitôt leur rancune et leur désapprobation. D'autres étaient pleins de contradictions intérieures et cherchaient à inciter leur entourage à douter de tout. L'homme se sentait comme un aveugle que d'autres aveuglent s'étaient chargés de guider, tout en essayant de lui faire croire qu'ils avaient un « don de sagacité ». C'est celui qui allait tout droit à sa perte qui recommandait le plus sa voie. Et de temps en temps, notre homme se laissait entraîner sur un sentier qui n'était pas le sien. Mais face à un danger de mort, il avait l'impression qu'une main vigoureuse l'arrêtait et l'incitait à chercher une autre direction. À cet instant, il se rendait compte qu'il avait un ami dans ce monde, mais qui était invisible. Peut-être, celui-ci connaissait-il la bonne route pour atteindre l'univers où se réaliseraient tous ses rêves. Il n'y a jamais de situation sans issue ! Sans doute, croisait-il des personnes qui n'avaient pas le même chemin que lui. Mais comment trouver un compagnon fidèle, qui ne l'attirerait pas dans les traverses, ne le conduirait pas dans les dédales obscurs hantés par des âmes errantes ? Peut-être, quelqu'un est-il à l'aise dans les bras de l'ignorance ? Mais cet homme aspirait à tout autre chose : arriver à l'état de lucidité spirituelle. Malgré une série de pertes et d'échecs manifestes, il avançait dans la vie, tout en gardant l'espoir de rencontrer un ami bon et fidèle.

Un jour, cette rencontre eut lieu... C'était le moment le plus difficile, celui de désespoir et de solitude. Toutes ses pensées semblaient partir en guerre contre lui. Elles avançaient vers lui, alignées comme des troupes ennemies. Et le ciel fut couvert d'un nuage de flèches noires dont chacune avait l'air d'une idée vénéneuse. Si étrange que cela puisse paraître, elles s'étaient chargées de parler en son nom : « Je suis un nul. Je n'ai rien réussi dans ma vie. Je suis une victime, tous les gens qui m'entourent sont des bourreaux et tyrans qui ne me causent que de la douleur et des souffrances ». Les pensées flèches s'enfonçaient l'une après l'autre dans son cerveau, obscurcissant sa vue. Pour finir, l'homme cessa de percevoir la lumière qui brillait au bout du sombre tunnel et représentait l'espoir du salut. Il n'avait plus qu'à se résigner à son sort d'esclave terrassé et voir dans la mort le seul moyen de jeter ses lourdes chaînes. Mais au moment où il y songeait, il eut le sentiment que des yeux le regardaient du fin fond de l'abîme, en l'appelant au secours. L'homme tressaillit, et tourna sa pensée vers l'intérieur de lui-même. Soudain, il vit une scène jusqu'alors invisible. Un homme, qui lui ressemblait, assurait glorieusement une défense circulaire. Couvert de sang, il essayait de conserver sa position. Comment ne pas aider celui qui mène un combat, non à mort, mais pour la Vie ! Et notre homme fit corps avec ce héros mystérieux, redoublant ainsi ses propres forces. Évidemment, la victoire fut de leur côté ; et l'ennemi, complètement écrasé. La joie du triomphe envahit l'homme, qui sentit qu'il n'y avait pas dans le monde de force qui pourrait les vaincre. Désormais, chaque pas vers l'avenir lui paraissait joyeux et facile. Un grand guerrier se réveilla tout à coup en l'homme qui avait la tête baissée et le dos servilement courbé face aux vicissitudes de la vie, comme si des ailes lui avaient poussé.

– Qui es-tu, mon ami fidèle, mon sauveur ? demanda l'homme, cherchant à sonder le secret de son âme.

– Je suis ton cœur, la réponse lui traversa rapidement l'esprit.

– Comment, le cœur serait-il doué de parole ? !

– Non seulement de parole, mais aussi d'une conscience assez élevée.

– Qui peut surpasser même l'intellect humain ?

– Maintes fois...

– Ne joues-tu pas le rôle de l'armée des alliés, sans laquelle remporter les victoires est souvent très difficile ?

– Ce n'est que lorsque l'homme arrive à l'ultime ligne, après avoir épuisé toutes ses forces, que j'engage le combat pour le ramener sur les positions perdues et l'armer de fluides vivifiants.

– Mon allié éprouvé, je ne voudrais plus être à l'origine de tes blessures mortelles. Je ne t'abandonnerai plus jamais seul au cœur des attaques ennemies. Quel long chemin j'ai parcouru en quête d'un compagnon fidèle ! C'est donc toi, mon cœur dévoué, qui m'as toujours sauvé en me retenant au bord du précipice et en m'éclairant de la lumière des espérances nouvelles. Oh ! quel bel ami me fut donné dès la conception de ma chair ! Pardonne-moi ! Pardonne-moi généreusement ! Accepte ma main tendue vers toi ! Mon cœur loyal, je t'offre mon amitié éternelle !

– J'accepte ta main ouverte : j'ai espéré moi-même voir un jour l'ami fidèle promis, en ta personne, au moment où mes premiers battements résonnèrent dans les tempes de l'enfant qui était encore dans le sein de sa mère.

« Homme de la Terre, en vérité, nul n'est ton ami ni ton ennemi plus que toi-même ! » murmura le Cœur du pays, dans l'espoir que chaque citoyen l'entendrait et tournerait sa pensée vers son unique ami dévoué. Selon le droit de naissance, pour ceux qui ont vu le jour sur ces terres, il n'est nul autre que le Cœur sacré de France.

Le 6 novembre 2006

– Aujourd'hui, nous sommes de retour à Notre-Dame, pour reprendre notre dialogue ici commencé. C'est dans ces murs que je voudrais élucider le rôle du principe féminin. La femme donne la vie, elle a un statut cosmique particulier. Les tâches dont elle est chargée sont vraiment à l'échelle de l'univers.

– À ma droite est assise une religieuse plongée dans la prière. J'ai toujours admiré les personnes qui ont entièrement consacré leur vie à la recherche des voies conduisant au plus haut degré de l'évolution spirituelle. Une nuit, j'ai rêvé que j'allais me retirer dans un monastère. Je mettais quelques affaires dans un petit sac, puis les sortais : je comprenais que je n'en aurais pas besoin là-bas. D'ailleurs, j'éprouvais une telle joie que je m'en souviendrai toute ma vie...

– N'as-tu pas vécu de longues années comme une religieuse, tout en étant dans le monde ?

– Je cherchais à me dépouiller de tout ; jour après jour, je tuais en moi la femme qui désirais si ardemment aimer et être aimée... Durant de longues décennies, j'ai piétiné tous mes rêves et mes espoirs de retrouver enfin le bonheur, d'être sollicitée par celui dont le visage resterait toujours gravé dans mon cœur...

– D'après toi, pourquoi l'âme s'incarne-t-elle dans tel ou tel corps ?

– Sans doute, en s'incarnant dans le corps d'homme, elle se charge d'une mission ; et en revêtant le corps de femme, elle est tenue de réaliser un autre programme.

– Exactement, mon amie ! Dans ce monde, il doit y avoir équilibre entre le principe masculin et le principe féminin. Tu vois que la distinction des sexes n'existe pas que dans le règne humain. Elle est propre aux mondes inférieurs. Chez les animaux, nous voyons des mâles et des femelles. Les plantes aussi sont réparties selon tel ou tel pôle, ayant leurs propres attributs sexuels. Et, aussi étrange que cela puisse sonner, les minéraux sont aussi divisés en deux catégories. Le masculin et le féminin existent également sur les plans invisibles. Les corps du quaternaire inférieur de l'homme sont bipolaires. Ce n'est qu'au niveau de la triade supérieure spirituelle qu'ils sont androgynes.

– Je vois une image symbolique : comme si la triade avait deux bras, avec lesquels elle procède à la création. Ce sont les principes masculin et féminin. Le gaucher et le droitier, dans quelle mesure ont-ils un rapport avec ces deux principes ?

– Si on prend l'exemple de l'organisme humain, son côté droit correspond au principe masculin, et le côté gauche au principe féminin. C'est au niveau énergétique. Mais comme on sait, chaque personne a les feux des deux polarités, et on peut analyser leur corrélation interne même sur le fond hormonal.

– C'est-à-dire que les niveaux de la structure septuple de l'homme ont chacun leurs indices ?

– Et à chaque niveau est prévue sa propre balance énergétique, dont l'altération génère des désordres dans l'ensemble de la structure. Un déséquilibre mental entraîne des troubles psychiques, une perte de lucidité. Des blocages émotionnels conduisent à la simplicité d'esprit...

– Cela a pour conséquence des dysfonctionnements hormonaux ? Les hommes deviennent efféminés, et les femmes hommasses ?

– Ce n'est qu'une facette des connaissances à ce sujet. En réalité, il existe des milliers de milliers de combinaisons inconnues qui ont des effets déplorables aussi bien sur la santé physique que sur la santé psychique, et sur la vitalité de tous les autres règnes faisant partie de la même chaîne de l'évolution.

– Dis-moi, en étouffant une des facettes que chaque femme est destinée à développer, n'ai-je pas défié les forces de l'évolution ? Ce sont peut-être de grands mots, mais il est connu que la vitalité de l'organisme entier dépend de la santé de chacune de ses cellules.

– Lorsqu'un être humain commence à écraser une facette de son être, il sème déjà des émanations destructrices. Le plus souvent, c'est celui qui marche vers la Lumière qui court ce danger. Il renonce avec ferveur à tous les cadeaux de la vie terrestre, rentrant dans sa coquille. Qui plus est, il voit son corps comme une source de péché et un frein au développement spirituel, et commence à le mortifier en le privant de la nourriture nécessaire, de vêtements, de chaleur, etc. Et il a l'impression que le monde est austère, qu'il ne le comprend pas et ne l'accepte pas. Toutes ses anciennes relations se trouvent perturbées ; et l'homme, en opposition avec la société, comme d'ailleurs avec lui-même, isolé, atteint souvent un autre niveau de conscience qu'on peut qualifier de cancéreux. Ainsi apparaît une cellule étrangère, qui se met en désaccord avec l'ensemble de l'organisme, mais qui absorbe la part du lion d'énergie vitale.

– Cœur de France, y a-t-il dans ton pays beaucoup de personnes qui ont la conscience cancéreuse ?

– Il n'y a pas longtemps, le pourcentage de ces personnes était assez important, mais aujourd'hui on observe un changement positif.

– Je pense que beaucoup se sous-estiment, s'abaissent en connaissance de cause aussi bien moralement que physiquement.

– Aussi paradoxalement que cela puisse paraître, surtout les âmes qui méritent des éloges ont tendance à l'humiliation volontaire, faisant plus confiance au premier venu qu'à elles-mêmes.

– Elles perturbent ainsi leur programme intérieur et, en fin de compte, s'engagent de bon gré dans une voie de défaite. La vie est dépensée en vain, et l'homme quitte ce monde sans avoir vraiment répondu aux attentes des forces de l'évolution. Oui, c'est assez triste. Avant que beaucoup d'entre nous ne tuent définitivement leur côté féminin ou masculin, pouvons-nous acquérir les connaissances qui permettent de redresser la situation dans le temps le plus court ?

– La première chose, c'est de se considérer avec amour comme une création de Dieu. Plus haut est l'autel dans notre cœur, plus solides et décents doivent êtres les murs qui protègent de toutes les infortunes ce qui est vraiment sacré pour nous. Le corps sert alors de forteresse à l'esprit céleste.

– Cela ne signifie-t-il pas que la femme est tenue de préserver en elle le principe féminin en dressant dans son cœur une cathédrale comme Notre-Dame ? La plus Grande des femmes, qui accomplit son devoir sur tous les plans de l'être, pourrait être pour nous l'exemple de la grande abnégation, de la pureté et d'autres vertus. Une femme qui garde et développe sa féminité pourrait avec succès éveiller et faire grandir les feux du principe masculin en l'homme.

– Oui, il serait préférable de voir les deux bras travailler ensemble plutôt que se battre. Mais la situation est en train de changer : les émanations qui se répandent aujourd'hui sur le monde terrestre sont amenées à rétablir l'équilibre entre les feux des deux principes, prévenant l'animosité d'un sexe contre l'autre.

– *Qui donc peut le mieux aider les forces de l'évolution et accélérer la stabilisation de ces feux à l'échelle de l'humanité ?*

– Si je disais que ce sont les poétesses ou les religieuses, je pécherais contre la vérité : cette tâche incombe à toutes les femmes. Mais elles n'ont pas toutes la même force, chacune a une charge selon son endurance.

L'éternel féminin, on pourrait en parler infiniment, faisant ressortir de multiples niveaux. Étant sur la Terre, on ne pourra comprendre tout le mystère que lorsque la femme se verra avec les yeux de l'homme et que ce dernier évaluera sa virilité à travers le regard exalté de sa bien-aimée.

J'ADORE

Une multitude de bras étaient dirigés vers la scène sur laquelle se tenait debout une petite femme. Elle interprétait un chant d'amour, et chacun dans la salle avait l'impression d'y entendre les gémissements silencieux de son propre cœur. L'amour, telle une force mystérieuse, magnétique, attirait l'attention du public qui s'approchait de l'estrade. La femme finit de chanter et, au lieu d'entendre une salve d'applaudissements, réalisa aussitôt ce que signifiait un silence retentissant. La salle ne réagissait pas. Seule la lumière réfléchie dans les larmes prouvait que le chant d'amour avait été entendu.

Qu'il est parfois difficile de dénuder son âme ! Surtout quand on est seul là où la vie nous place en nous confiant un rôle particulier: ouvrir notre cœur en permettant ainsi à des milliers de regards de pénétrer dans notre saint des saints. Recevrons-nous une flèche lancée par une main ennemie ou une rose blanche offerte par un ami ? Il ne nous est pas donné de le savoir.

Ce jour-là fut le jour de ses débuts ; la chanteuse l'avait rêvé toute sa vie, fournissant des efforts surhumains pour transmettre les feux sublimes à travers sa voix. Elle adorait chanter, mais se gênait de sa voix douce. Elle aimait les gens, mais n'osait pas les aborder la première ; elle enveloppait de son amour ceux qui l'approchaient. Mais ce jour-là fut particulier : elle s'appliqua à chanter de telle sorte que les sons jaillissant de son âme fussent captés non par les oreilles, mais par les récepteurs des cœurs. Apparemment, elle y parvint dans une certaine mesure.

Les larmes de catharsis glissaient sur les joues de ceux qui, quelques minutes auparavant, avaient crié et joué des coudes pour arriver au buffet. Ils continuaient à froufrouter et à croquer quelque chose quand la chanteuse entra en scène. Dans un premier temps, elle voulut fuir et se cacher dans les coulisses pour éviter les regards curieux, et parfois indifférents du public. La chanteuse, la scène, cela leur importait peu… Mais à ce moment-là, leurs yeux étaient rivés sur elle et semblaient s'illuminer d'une lumière mystérieuse, qui jaillissait du fond de leur âme. La chanteuse elle-même restait immobile, comme si une force inconnue la retenait… « J'adore… », dit-elle, cherchant les mots suivants, mais elle répéta la même chose. « Je vous adore ! » voulait-elle crier à la salle. Mais, sans savoir pourquoi, elle arrêtait son regard sur une personne, puis sur une autre, encore sur une autre… Elle répétait : « J'adore… » Et, chose étonnante, ils la comprenaient à demi-mot, chacun entendait ce qu'elle n'avait pas su exprimer. Ainsi, leurs cœurs, qui comprenaient parfaitement la langue des uns et des autres, se relayaient ; un dialogue intérieur s'installait.

Des gens montaient sur la scène. Ils regardaient la chanteuse avec affection et tendresse, et leurs bouches reprenaient son premier verbe : « J'adore ! ». Et ce qu'ils entendaient par là n'avait plus d'importance, car on lisait dans leurs yeux quelque chose de plus grand, quelque chose d'inexprimable... « Dans le principe était le Verbe. » Cette première phrase de la Bible surgit, on ne sait pourquoi, dans son esprit. « Et le Verbe était en Dieu... » À ce moment, la chanteuse imagina que le monde était né à nouveau. Eh oui, elle n'était plus la même : elle ne craignait plus d'être incomprise, dépréciée, rejetée par quelqu'un qui pourrait cracher sur elle toute la haine inhumaine... Et les gens étaient différents, pas comme ceux qui étaient entrés jadis dans les eaux limpides du Jourdain. Comme s'ils avaient reçu le baptême non seulement par l'eau mais aussi par le feu. « J'adore ! » entendirent-ils résonner à l'aube de leur nouvelle vie. Mais ce verbe était en l'Homme...

Cette petite femme, aurait-elle produit un tel effet sur la salle qui ressemblait maintenant à un seul organisme vivant ? On aurait dit un microcosme. Et la chanteuse y aurait joué le rôle du créateur. Peut-être, le Verbe originel avait-il la force magique d'éveiller une multitude d'éléments primaires pour composer le motif d'une nouvelle vie. Et le cœur de chaque être créé gardait en mémoire ce son. Or la vie continuait et mettait en scène ceux à qui elle confiait le soin de prononcer le Verbe suivant pour rafraîchir la mémoire du cœur de leurs successeurs. Grand est le mystère du son, surtout si celui-ci annonce le nouveau en conduisant toujours plus haut ceux qui sont prêts à gravir l'échelle de l'évolution. La Création est perpétuelle, elle se poursuit sans le commencement ni la fin, car l'un se transforme en l'autre. En bas comme en haut, la Vie se déploie en dévoilant encore et encore des côtés cachés. Et aujourd'hui, nous découvrons une nouvelle facette de l'Être. Son verbe clé, « j'adore », est au commencement. Et chacun est libre de mettre au jour son monde intérieur, sans craindre de ne pas être compris et accepté par les autres. Chaque Homme possède désormais ce Verbe, dont il découvrira le sens caché tout au long de sa vie !

– Je te remercie, ô Cœur généreux, de m'avoir offert ce Verbe. Je le dépose sur l'autel de mon cœur, et je chercherai à le mettre avant toutes les paroles prêtes à sortir de ma bouche... Alors, j'ai une question : le Verbe, n'est-il pas proche des feux liés au grand principe féminin ; et la Pensée, n'est-elle pas en rapport direct avec les émanations du grand principe masculin ?

– L'homme féconde le monde avec les idées ; la femme engendre le fruit en y déposant le verbe. Mais cet acte mystique n'est viable que lorsqu'il y a une parfaite harmonie entre les porteurs de feux de natures différentes.

– Ils sont à la fois unis et marqués chacun de son signe, « plus » ou « moins ». Si différents de nature, pourquoi sentent-ils une attraction magnétique l'un vers l'autre ?

– Parce qu'ils n'existent pas l'un sans l'autre dans les mondes supérieurs...

– Et nous sommes faits à leur image et leur ressemblance... Alors pourquoi y a-t-il un nombre si important de personnes solitaires ? Je veux parler non seulement de la solitude physique.

– Un être humain est solitaire lorsque son équilibre intérieur entre les deux pôles est altéré. Et si la force de cohésion entre les éléments primaires au niveau alchimique n'existe plus, l'homme perd aussi son magnétisme.

– Ces derniers temps, je rencontre beaucoup de femmes masculines.

– N'étant pas attirantes pour le sexe opposé au niveau supérieur, elles se sont appliquées à refouler en elles le principe féminin. Quand une femme n'aime personne et qu'elle a été très peu aimée, elle commence à perdre sa féminité, dissimulant sous les apparences dépersonnalisées tous ses désirs profonds. Toutes les femmes du monde ne parviennent pas à être une mère heureuse, une épouse bien-aimée et aimante à leur tour.

– Il se peut que certaines ne deviennent agressives que parce qu'elles cherchent à tout prix, même de façon inacceptable, à attirer l'attention sur elles ?

– Oui, il y a aussi cet aspect de la question…

– Comme si la femme passait une épreuve pour avoir le droit de s'appeler Femme…

– Il existe certaines Forces cosmiques qui observent l'expérience par laquelle passe la belle moitié de l'humanité.

– La baisse de la natalité, n'est-elle pas le résultat du fait que le principe masculin domine dans le corps de femme ?

– Dans nombre de cas, cela provoque l'infertilité…

– Alors comment peut-on aider une femme à devenir Femme au plein sens de ce mot ?

– Amour, amour et amour ! Cœur, cœur et cœur ! Elle devrait se rappeler mille fois ces mots, les gardant comme repères tout au long de son chemin, car ces notions sont une partie inhérente, plus exactement fondamentale, des feux qui sont à la base du grand principe féminin.

– Dis voir, qu'en est-il de la religieuse ?

– Elle apprend à aimer toute seule alors qu'elle ne connaît pas d'amour manifesté à son égard…

– Oui, il faut avoir un très grand courage pour aimer dans ces conditions. Mais, ne cache-t-elle pas, sous sa robe monacale, ses rêves secrets et ses espérances d'avoir un simple bonheur humain ?

– Si elle ne les gardait pas au plus profond de son cœur, elle tuerait la femme en elle.

– *C'est-à-dire sa douce nature angélique ?*

– Oui… La femme est un ange incarné…

– *Sera-t-elle heureuse ?*

– Elle l'est déjà, car son âme est dans ce corps de femme, qui est élu…

– *N'est-ce pas parce qu'elle pourrait porter dans son sein celui qui est capable de se charger de la croix du monde entier ?*

– En vérité, mon amie !

– *J'ai vraiment envie de clamer : « Hominem esse, memento ! »*

– Eh bien, c'est tout à fait juste. Nous n'avons qu'à rappeler la chose suivante : « Femme, n'oublie pas que tu es une Femme ! »

Le 7 novembre 2006

– Aujourd'hui nous nous rendrons à la Sainte-Chapelle. Et le rayon de gloire touchera une autre église qui a des liens énergétiques avec Notre-Dame.

– Est-ce que tous les bâtiments de culte ont la parenté spirituelle ?

– J'aimerais tant que l'heure où cela sera évident pour tous arrive plus vite. Hélas, pour le moment, le monde des formes séparées s'oppose violemment aux éléments de cohésion.

– Qui réussit mieux à charger les temples en hautes vibrations, les gens ordinaires, les paroissiens ou les prêtres ?

– Cela dépend des composants énergétiques intérieurs de la personne qui franchit le seuil des temples. La pureté, la noblesse des intentions et le cœur généreux sont les offrandes les plus palpables.

– Dis, ô Cœur magnanime, si l'on peut employer le terme « religiosité » en parlant de toi.

– Le mot « religion » sous-entend « lien ». De ce point de vue, on peut dire que des myriades de fils invisibles me lient avec tout être vivant, que ce soit une pierre, une fleur, un animal, un homme ou une étoile lointaine dont la lumière alimente tout un système planétaire.

– As-tu une bonne étoile sous laquelle tu es né ? Quel sein t'a porté avant que tu montes au firmament de gloire ?

– Mon chemin prend sa source dans une autre éternité, au sein duquel fut engendrée la graine de mon esprit.

– Es-tu en rapport avec les éons de la Sagesse ?

– Ce sont eux qui créèrent les matrices de mes structures ardentes.

– Le rayon d'Amour-Sagesse te servit de Père-Mère, te faisant grandir en sa force et te guidant sur le chemin du service céleste ?

– Deux ailes, Amour et Sagesse, m'emportèrent dans l'espace, vers le point qui joue un rôle particulier dans l'évolution aussi bien du continent que de la planète et de ce pays mystique, issu d'une autre éternité mais lié directement avec ce territoire et le peuple qui l'habite.

– Ne serais-tu pas l'intermédiaire entre le monde d'en haut et le monde d'en bas ? Les frontières du monde d'en bas sont nettement dessinées sur la carte terrestre ; mais sur le plan supérieur, elles s'effacent. Là apparaît l'analogie avec les humains : la structure septuple révèle un corps qui s'appelle la France, puis l'âme et l'esprit invisible, qui plane sans doute dans les étendues cosmiques inconnues... Et le peuple lui-même, comme un organisme à part entière, a certainement sa propre structure septuple ?

– Quant à mon peuple, il a bien sûr toutes les chances de développer les sept principes septuples. Mais cela ne se produira que lorsqu'il parviendra enfin à déployer ses ailes.

– Qui s'appellent Amour et Sagesse ?

– Elles seules l'aideront à s'élever dans le ciel en déchirant le voile d'ignorance.

– Le monde est tenu par le secret ! En as-tu un qui te fasse exister toi, ton pays et ton peuple ?

– Je suis un puits de secrets, dont une partie sera révélée à ceux qui écouteront ma parole, le cœur ouvert.

– Et la première page du Livre de ta vie doit annoncer ton existence ! Qui aurait pu le savoir autrefois, sinon les cœurs qui étaient unis à toi par des liens plus étroits, ceux d'une parenté secrète !

– Et maintenant, mon amie, dirige tes pas vers la Sainte-Chapelle ; là, nous reprendrons notre conversation.

– *Bien, j'offre une partie de mon cœur au cœur sublime de Notre-Dame et te suis dans la direction indiquée...*

La Sainte-Chapelle

« Le temple se construit en l'âme, ensuite il prend forme, posé sur des fondations en pierre. Mais avant, il y a eu une idée qui sert de pierre angulaire. Soit une lutte pour le pouvoir qui se déroule dans le pays ou une paix qui s'y établit : l'idée est à l'origine de toute chose. Tel le chef d'une armée, elle réunit ses troupes et les conduit à l'assaut des œuvres constructives ou destructives. Comme des guerriers, les idées avancent l'une après l'autre, couronnées de lauriers ou pleines d'amertume après la défaite... L'idée, qui est à la base de tout acte, a sa propre couleur originelle, servant à l'homme d'allié fidèle ou de pire ennemi. Tel un célèbre maçon et un maître alchimiste, l'idée fait son œuvre invisible en pénétrant dans les sphères denses pour s'incarner. Elle parcourt un énorme chemin avant d'être acceptée par l'esprit humain, qui absorbe ses fluides. Ensuite, elle attire des feux consonants ; et une fois que sa puissance atteint un niveau suffisant, la pensée dominante gagne l'esprit humain en instaurant soit une dictature absolue, soit une démocratie où d'autres pensées ont le droit de s'exprimer... »

La chaîne des réflexions du roi fut interrompue par le premier rayon du soleil qui le regarda dans les yeux. Comme le Soleil levant, le maître du destin populaire devait quitter sa couche pour accomplir son devoir.

La sainteté ! Comme elle est difficile à atteindre, étant l'apanage de rares personnes. Est-il possible de diriger le peuple entier vers la Source céleste, de le faire passer en grand flot par la Porte qui s'ouvre sur un avenir meilleur ? Roi solaire, peuple solaire... À quel point est-ce réel de parler d'une simple vie humaine en ces termes ? Un indigent se contente de peu, limitant son univers à une boîte de carton ou à la poubelle d'à côté. Sa pensée ne vole pas haut, ayant pour but une seule chose : empêcher d'entrer sur son minable territoire quiconque a mentalement les mêmes positions sociales. Mais n'est-ce pas pour ouvrir toujours de nouveaux horizons qu'une âme s'incarne en se vêtant d'un manteau royal par droit de naissance ? Un pauvre d'esprit, que peut-il donner à l'autre, s'il n'a rien pour lui-même ? Mais ce roi avait de quoi donner, car il était riche, y compris en souvenirs que l'on ne peut acheter, même si l'on possède un grand trésor.

Une vision, qui avait frappé le roi encore adolescent, continuait à troubler son cœur... Jeune élève d'un des dignitaires du Sanhédrin, il se tenait debout au Golgotha. Il vit passer trois criminels ; et il eut juste le temps de rencontrer les yeux de l'un d'eux. Le jeune homme eut l'impression que son regard avait pénétré au fin fond de son cœur. Soudain, il sentit des frissons traverser son corps, et la douleur de l'univers remplit son cœur. Le jeune homme baissa la tête, et le sentiment de culpabilité, tel une lame de couteau, transperça sa poitrine. Comme s'il avait participé à un assassinat cruel et injuste, irrémissible dans tous les siècles.

Le roi ôta la couronne de sa tête et la posa sur ses genoux ; ses souvenirs s'enchaînaient en provoquant en lui une peine insupportable, il sentait les épines acérées s'enfoncer dans sa tête.

Son maître, qui approuvait complètement la décision du Sanhédrin, était à côté de lui et semblait content de tout ce qui se passait autour d'eux. Sans cacher leur curiosité, un attroupement de badauds regardaient les criminels. Notre jeune homme vit une pierre que quelqu'un avait lancée sur les condamnés, puis une autre, puis une troisième. Son cœur palpita aussitôt et se serra, inondé d'une douleur inhumaine.

Le roi posa sa main chaude sur sa poitrine, comme s'il essayait de calmer son cœur, qui reprenait un rythme agité à chaque fois que ces souvenirs traversaient son esprit. Que peuvent les rois ? Et qu'est-ce qui leur est impossible ? Sont-ils assez puissants ? Dans quelle mesure sont-ils capables de regarder avec tendresse et sagesse leurs sujets dans les yeux, d'y laisser une trace indélébile qui fera le même effet au-delà de la limite qui sépare la vie de la mort ? L'image de Celui dont le regard avait percé le secret de son cœur ne quittait plus l'adolescent. En descendant du Golgotha par des ruelles sinueuses, il réalisa que son cœur était resté là-haut, aux pieds de Celui qui s'éteignait humblement sur la croix. L'adolescent avait le sentiment que dans la couronne aux pointes acérées qui perçaient le front du crucifié il y avait son épine à lui, et celle-ci le blessait au cœur. Il saignait, sa douleur était de nature différente : Il souffrait pour le peuple entier.

Le roi posa sa couronne au pied du trône et se mit à genoux. Soudain, il ressentit au-dessus de sa tête une main le coiffant d'une simple couronne de ronces... Qu'était-ce ? Des instants, ou des heures, qui fusionnaient et réfractaient tous les temps révolus couronnés de gloire ? Il était difficile de le dire, car l'intellect de l'homme, même s'il est de sang royal, n'est pas en mesure de comprendre ce mystère impénétrable. Mais le roi savait déjà ce qu'il devrait entreprendre, car ce jour-là une page de l'histoire de l'humanité s'était ouverte devant lui, celle qui était liée à son pays.

La couronne d'épines, dignement enchâssée, occupait la place la plus visible du trône. Des milliers d'yeux l'admiraient, les cœurs cherchaient à déchiffrer les sentiments qu'ils éprouvaient. Une force mystique émanait de la couronne, allant dans les replis les plus profonds de l'âme. Le genre humain n'était plus affligé du terrible sort qui l'attendait : il avait été sauvé. Dans sa marche à travers le monde, le grand mystère révélait une de ses faces sous la forme de la couronne d'épines. De temps en temps, une main invisible la mettait sur la tête de celui qui était prêt à suivre le chemin du grand sacrifice. C'est celui-ci qui nous donne le pouvoir d'aimer et d'offrir au monde les feux abondants de nos cœurs, en scrutant avec tendresse infinie le fond des âmes qui continuent à nous juger et condamner, même aujourd'hui.

– Voilà que touche à sa fin le récit que nous laisserons sur l'autel de la Sainte-Chapelle.

– Je n'ai plus qu'à espérer que chacun venant sous ses voûtes élancées y laissera, comme nous, la chaleur de son cœur. Que le grand sacrement soit célébré ! Que ceux qui ont offert au monde l'amour des sphères de l'univers ne soient plus jamais couronnés d'épines !

– Et que ceux qui brillent par leurs idées, comme des joyaux de monarque, reçoivent la couronne de royauté ! Maintenant, quittons cette chapelle et allons là où on a besoin des offrandes de nos cœurs.

Le 8 novembre 2006

– Où, sinon à l'église Marie-Madeleine, pouvons-nous poursuivre notre conversation sur le rôle du féminin éternel dans l'évolution de la Terre ? La femme suit son chemin de l'alpha à l'oméga, révélant à l'infini les multiples facettes de sa nature. Elle est plus proche des sphères épaisses, de leurs structures de matrices pétrifiées. Un très lourd fardeau est posé sur ses épaules.

– Réfracte-t-elle les rayons vivifiants et les rayons destructeurs plus que l'homme ?

– Son sein donne naissance à une vie ; nourri de ses sucs vitaux, le fruit mûrit jusqu'à son terme. Et en même temps, la chair de l'embryon est de nature mortelle.

– La vie et la mort, se croisent-elles dans les organes génitaux de la femme ?

– De plus, leurs forces sont souvent inégales, conditionnant ainsi la viabilité de l'être engendré.

– La naissance d'un petit être humain donne de la joie à ses proches, mais sa mort – du chagrin et du désespoir. Cœur magnanime du pays, dis-moi si ce n'est pas un hasard qu'un office funèbre est maintenant célébré dans l'église. Le prêtre accompagne le mort sur son dernier chemin, il est tel un passeur qui aide son âme à regagner l'autre rive. J'ai l'impression que la chair invisible du défunt s'agite en essayant d'être à la fois dans les deux mondes. D'un côté, ses proches se désolent à fendre le cœur ; mais de l'autre, la porte du Monde céleste s'ouvre devant lui. Il voudrait consoler ceux qui sont restés derrière la frontière séparant la Vie et la Mort ; or l'âme, tel un oiseau aux ailes légères, est portée entièrement toujours plus haut.

– Tu as raison, mon amie. Si ces gens pouvaient voir le mystère qui se déroule ici au moment où l'âme regagne la maison paternelle, leurs larmes ne seraient pas aussi abondantes. Lors de sa vie terrestre l'homme acquiert, à la force de ses bras et de ses jambes, les richesses éternelles. Une fois son bagage invisible rassemblé, l'âme quitte ce monde. En mourant ici, elle renaît là-haut, mais sur un autre plan et avec de nouvelles qualités. Elle jette ses vêtements corporels en déliant les ailes ardentes de son esprit divin.

– Est-il possible que les âmes de ces mêmes personnes qui sont ici plongées dans l'affliction, assistent là-haut à la naissance du nouveau citoyen du Monde céleste ?

– Il en est ainsi dans une certaine mesure, lorsque l'égoïsme prend le dessus sur les autres intermédiaires du plan subtil. Dans la plupart des cas, l'être humain ne pleure pas sur le défunt mais sur sa propre personne, qui a pu perdre celui qui, de son vivant, assumait une grosse partie des problèmes de ses proches. Ce sont les parents qui portent le plus souvent le fardeau lourd de leurs enfants.

– Ne pourrait-on pas supposer que toi, Cœur magnanime de la nation, tu portes la croix du pays entier ?

– Je m'en suis chargé de mon plein gré.

– Mais elle est trop pesante !

– La charge démesurée fait grandir celui qui l'accepte ; en surmontant les obstacles, il fortifie son esprit. Mais si l'âme de l'homme et son esprit divin peuvent tout, le corps physique a ses limites : ayant atteint un certain niveau, il commence à dépérir. Cependant, il n'y a pas de règles sans exception ; cela concerne les personnes qui manifestent leur amour pour le monde environnant.

– En ce moment, les sons d'orgue accompagnent la levée du corps. Les visages sont apaisés : les prêtres ont

donc réussi à leur redonner le moral, à les faire vibrer à des fréquences énergétiques plus élevées. De plus, j'ai l'impression que le corps physique, telle une robe jetée, repose dans le cercueil ; or au-dessus apparaît une haute figure de lumière.

– Elle serait encore plus haute si elle avait reçu un don énergétique plus important de la part des proches du défunt. En percevant avec l'œil de leurs cœurs l'ascension de ses corps subtils, ils auraient rendu service aux deux mondes, terrestre et céleste. Alors, ils auraient pu devenir une source de rayonnements plutôt constructifs que destructifs. Pourquoi inonder la terre d'affliction et de tristesse si l'on peut, de tout son cœur, souhaiter un bon voyage à l'âme qui quitte ce monde. On ne devrait pas voir la vie et la mort de façon tragique, car elles sont deux côtés de la même réalité. Le jour est un, mais il est composé de deux parties, claire et obscure. Si le miroir n'avait pas la face étamée sombre, il ne refléterait pas aussi nettement le visage de l'homme.

– *D'accord, le monde est binaire, et il faut considérer tous les événements sans tomber dans les excès.*

– C'est vrai. En plus, toute chose a ses limites, et ce serait un sacrilège de se mettre à danser devant le cercueil d'un défunt.

– *Mais, comme on dit, à quelque chose malheur est bon. En d'autres termes, il faut toujours chercher le côté positif. Est-il possible que l'âme maternelle ait décidé de libérer sa fille de la lourde tâche de prendre soin de son corps qui se dégradait, et qu'elle revienne après un repos dans les sphères de l'Éternité, en s'incarnant dans l'enfant de sa fille ?*

– La mort comme un phénomène destructeur quittera la scène de la Vie, car même elle contient un principe positif.

– La mort a-t-elle un rapport avec un des deux principes, l'éternel masculin ou l'éternel féminin ?

– L'éternel féminin est plus assujetti aux fluides de la mort.

– N'est-ce pas parce que la femme porte dans son sein une vie ? Si dans le monde il ne restait que les hommes, l'humanité entière périrait, n'est-ce pas ?

– Il en serait de même si les hommes n'existaient plus, car ils sont porteurs de la semence de vie.

– C'est-à-dire, ils sont unis dans leur essence, comme le jour et la nuit... Pourquoi alors toi et moi mettons-nous l'accent sur les femmes ?

– Les forces de l'Évolution fondent sur elles des espoirs particuliers. Cela est lié à la transformation des tissus qui sont en rapport avec les structures les plus denses de la Terre. En plus, les émanations du principe féminin éveillent les feux du principe masculin.

– Une belle femme, est-ce celle qui révèle sa lumière intérieure ?

– Certainement. La beauté a une force d'influence magique qui éveille les récepteurs dans la poitrine de l'être humain. Aucune personne raisonnable ne s'arrêterait devant un mendiant pour admirer ses haillons sales. Beaucoup allongeraient le pas, cherchant à détourner leur regard du spectacle gênant. Et si l'on est attentif, on peut sentir son cœur se serrer d'une angoisse...

– Il est possible que nous ayons peur de découvrir ce côté de la vie et, dans une certaine mesure, redoutions de nous trouver à sa place et d'entrevoir, comme dans un miroir, notre avenir...

– Bien entendu, aucun miséreux n'a jamais rêvé de le devenir.

– Brisé, son corps est devenu un lourd poids pour son esprit.

– L'esprit observe souvent l'incapacité de l'enveloppe corporelle à accomplir des tâches de très haut niveau. Après maintes vaines tentatives de remettre sur la voie de la Lumière la personne pleine d'instincts animaux, il la quitte. En ce cas, il ne reste que la coquille épaisse dont la vie diffère peu de celle d'un animal errant.

– On peut dire que ce sont des morts vivants. Mais ont-ils la moindre chance de trouver la vie au prix de la mort ?

– C'est là que réside une des facettes de la mission de la femme. C'est elle qui tisse le pourpre du système sanguin, à l'intérieur duquel sont projetés les principaux éléments primaires qui appartiennent à l'âme. Les tissus du corps physique servent d'instrument, et tout ce qui est en rapport avec l'âme et l'esprit est une « mélodie ».

– C'est-à-dire un son…

– Oui, dans le principe était le Verbe.

– Je vois… Aussi belle que soit la mélodie de notre esprit, elle ne peut pas résonner dans le monde des formes denses si l'instrument n'est pas suffisamment accordé, s'il est brisé, ou absent…

– Oui ! La femme doit avoir aussi un esprit élevé pour pouvoir donner la vie à un être spirituellement élevé.

– Quand les figures les plus brillantes, divinisées dans leur nature intérieure, apparaissaient au monde, on les canonisait ?

– Certaines sont canonisées, on connaît leurs noms ; mais des milliers de personnalités sont restées à l'extérieur de l'Église et leurs visages sont peints sur les pages de l'histoire invisible, sur les Tables de l'Éternité.

– Et leur nombre ne cesse de croître ?

– C'est vrai, mon amie ! Elles sont d'une beauté à ravir, il s'agit non seulement de leurs âmes, mais aussi de leurs corps qui ont su absorber la chaleur cordiale et la cristalliser au niveau cellulaire.

– Pourront-elles donner la vie aux êtres à la chair plus résistante et pérenne ?

– Les unes ont déjà donné la vie à ceux qui devaient naître, d'autres connaîtront plus tard la joie d'être mère. Mais il y a un petit nombre de femmes qui ont un statut particulier. Elles sont la fleur de leur race : elles s'épanouissent dans la couronne de leur arbre généalogique qui a terminé son chemin ascendant, arrivé jusqu'à la limite au-delà de laquelle commencent d'autres sphères de l'Être. Une femme peut accomplir sa tâche en étant stérile du point de vue du monde physique. Seul l'œil de l'esprit céleste est apte à voir la grande figure qu'elle a nourrie dans son sein avec les fluides de son cœur.

– Alors je demanderai si Marie-Madeleine eut un enfant.

– C'est un grand mystère que seul le Créateur des cieux peut percevoir. Sans éluder la question directe, je répondrai que l'enfant existe.

– Cela concerne l'évolution des plans divins, n'est-ce pas ?

– Pour le moment, l'humanité n'est pas prête à recevoir la réponse à cette question.

– Alors je voudrais savoir si le mystère de Marie-Madeleine a un rapport avec ton pays, avec ton peuple.

– Oui.

– La solution peut-elle être donnée, dans une certaine mesure, aux personnes qui auront tourné leur regard vers les Pyrénées ?

– Oui, mon amie, les choses secrètes deviennent manifestes en temps voulu.

– Un office vient de commencer. Le prêtre est revenu pour nous rappeler, à nous les mortels, le monde où règne l'Éternité...

Une parabole

Oui rencontra un jour *Non*. Ils s'arrêtèrent au beau milieu d'un pont étroit, suspendu sur un abîme. Chacun faisait sa propre route en soutenant sur son passage les fluides qui lui correspondaient. *Oui*, au caractère paisible et accommodant, avait l'habitude de tout accepter. Il ressemblait à une femme douce qui parcourt sans se résigner son chemin difficile. *Non*, au contraire, était pressant et n'acceptait pas d'objections. Il pouvait, par une violente apostrophe, mettre son veto sur quelque chose qui devait être approuvé.

– Non, tu t'arrêtes ! s'écria *Non*.

– Oui, acquiesça avec douceur *Oui*.

– Tu m'empêches d'aller plus loin, et je ne peux revenir en arrière.

– Oui !

– Laisse-moi passer !

– Je dois alors reculer ou tomber dans le précipice.

– Non, je ne peux pas te pousser brutalement.

– Oui, je te prie de me permettre de continuer mon chemin.

– Non !

Seuls *Oui* et *Non* savent combien de temps dura leur dialogue. Ils étaient arrivés à la limite la plus dangereuse, ayant coupé la route l'un à l'autre. Les vétustes piles du pont, fragiles et instables, grincèrent. Un instant... et il allait s'effondrer et entraîner dans le gouffre ceux qui n'arrivaient pas à s'entendre. Un compromis, voilà le seul moyen de redonner de la solidité au pont branlant, qui reliait encore les deux rives opposées.

– Je te cède le passage, dit soudain *Oui*, réalisant que celui qui est plus sage et très patient fait le premier pas.

– Non, c'est moi ! objecta *Non*.

– Oui… chuchota doucement *Oui*, en faisant un pas en avant pour inciter *Non* à reculer.

Ainsi, se mettant en marche, ils ébranlèrent le pont, qui tomba aussitôt. Mais *Oui* et *Non* avaient réussi à s'accrocher à une petite planche étroite où ils ne pouvaient tenir qu'en se serrant l'un contre l'autre. Maintenant, le salut des deux dépendait de leurs gestes réunis. Alors ils se mirent à s'entraider pour se sauver : ils grimpaient sur les épaules l'un de l'autre, montaient de plus en plus haut ; chaque planche abandonnée tombait, et son fracas retentissait dans l'espace immobile.

– Non, sans toi, je ne serais pas sauvé, chuchota Non.

– Oui, moi aussi je serais mort sans toi, répondit Oui.

Ils sortirent sur la berge et marchèrent côte à côte ; ils comprenaient qu'ils ne pourraient plus exister l'un sans l'autre. Non avait appris à dire « oui » quand il était impossible de dire « non » ; Oui, à son tour, à dire « non » quand il était impossible de dire « oui ». En principe, tous les deux affirmaient la même chose. Et lorsque, après avoir terminé un grand cycle de vie, ils s'approchèrent de l'autre rive, ils aperçurent un pont d'arc-en-ciel. Oui, là ils trouvèrent un compromis. Non, ce pont ne s'effondrerait jamais. Il était si vaste que chacun pouvait le franchir sans gêner l'autre. Oui et Non s'arrêtèrent au milieu du pont.

– Suivras-tu ton chemin ? demanda *Non*, doux et tendre.

– Non ! s'écria *Oui*. Je ne me séparerai pas de toi…

Alors *Non*, ému, étreignit chaleureusement son ami fidèle ; il réalisait qu'au fond de lui résonnerait toujours le « oui », même tissé de rayons opposés. Mais est-elle si importante, la robe que porte notre chair ? Ce qui importe, c'est ce qu'elle cache aux yeux étrangers. Parfois notre propre œil est incapable de voir la bataille intérieure.

Plus d'une décennie, les ennemis rompent leurs lances les uns contre les autres, en brandissant chacun son drapeau sur lequel est inscrit « Oui » ou « Non ». Et maintenant il est temps d'intervenir et de dire sévèrement « non » à la guerre et résolument « oui » à la paix dans le monde entier...

Et qu'ils marchent côte à côte et soient nos compagnons éternels tout au long de notre chemin. Si nous trouvons un compromis dans notre cœur, nous parviendrons toujours à consolider les piles du pont de la rive opposée, en acceptant « oui » et « non » comme la main d'un ami tendue vers nous.

Cette parabole ne nécessite pas de commentaires : lorsque le compromis est trouvé, on se passe de toute analyse. Que chacun sorte vainqueur de ce combat caché entre *Oui* et *Non*, entre le principe féminin et le principe masculin !

– Est-ce que les femmes et les hommes sont en état de guerre ?

– Souvent, les uns décochent des flèches en direction des autres, rompent des lances en bataillant pour savoir qui a la meilleure position dans cette vie.

– La lutte pour ses droits ! N'est-ce pas ? Oui, l'histoire de l'humanité a connu les époques où les hommes dominaient en laissant aux femmes un rôle peu enviable, puis se reprenaient, reconnaissaient en elles leurs belles dames et défendaient leur honneur aux tournois de chevaliers.

– Une fois de plus, cela a été un excès dans le sens de « oui » ou dans celui de « non ». Toute chose demande des actes concordants, car telle est la Loi de la rationalité qui exige la mise en égalité de toutes les positions vitales.

– Parfait ! J'espère que beaucoup de formes engendrées par la pensée humaine quitteront la scène de la vie,

que la femme ne rivalisera plus avec l'homme et que l'homme ne se montrera pas supérieur par rapport à la femme.

– Je voudrais qu'ils cherchent à se séduire l'un l'autre par la beauté et la pureté du rayonnement de leurs cœurs.

– Et moi, j'espère que les femmes révéleront leurs meilleurs aspects, renaissant aux rayons du principe féminin pour la joie des mondes environnants.

– Cela fait partie des tâches que les Forces de l'Évolution leur ont assignées. Elles sont responsables de la réalisation du karma de l'Amour cosmique.

– Est-ce bien de la femme que dépend l'éveil du cœur de l'homme ?

– Son rôle est d'être initiatrice. Elle ne peut éveiller les autres que si son propre cœur, comme le soleil, est prêt à réchauffer le monde entier...

– Je te remercie, ô Cœur de l'admirable pays qui a offert au monde les idées de la Beauté. Comme si elles descendaient d'un podium, en proclamant le grand temps où la Femme doit manifester tous les feux du principe féminin, et l'Homme, se vêtir des armures du principe masculin.

– Tous les deux sont le Trésor du monde. Puisse la lumière de l'Amour éternel servir de pont entre les rives de leurs âmes.

– Afin qu'ils fassent partie du seul et même cœur ardent ?

– Ainsi soit il !

Le 9 novembre 2006

– Poursuivons notre route et enchaînons les mots pour révéler certaines pages secrètes de la vie de mon pays.

– Je sens que plus nous parlons, plus il reste de choses non dites.

– Nous offrons la nourriture pour l'esprit. Et toute personne est appelée à l'accepter et à l'assimiler.

– J'espère que beaucoup arriveront à la digérer.

– Certes, la nourriture destinée au cœur n'est pas toujours bien assimilée par les structures mentales, froides et imprégnées surtout des fluides de nature lunaire. Mais il y a des esprits emplis des vibrations du Soleil.

– Dans ces cas, on peut dire que le mental d'un tel individu est le porte-parole de son cœur et qu'il est sous la juridiction du Rayon de l'Amour-Sagesse...

– Oui, l'être humain qui a appliqué toutes ses forces pour opérer une transformation alchimique sur le plan intérieur, mérite les éloges ainsi que la plus haute protection.

– J'espère que dans ton pays le nombre de ces personnes dépasse les attentes les plus audacieuses...

– Ainsi, mon amie, nous irons au Louvre ! Aujourd'hui, nous poursuivrons notre conversation dans la salle au milieu de laquelle une femme silencieuse, sous les traits de la Joconde, est à notre service.

– Dis pourquoi Léonard de Vinci ne créa pas de portrait d'homme aussi fort.

– Il savait que dans les limites de ce système solaire s'était révélée la dominante des feux du principe féminin. Et lui-même, en tant qu'être humain, s'appliquait de toute son âme à représenter le sublime et l'inconnu sous les formes habituelles et compréhensibles.

– Était-il un initié ?

– Oui.

– Mona Lisa, c'est un message adressé aux générations futures ?

– Dans ce portrait se croisent les trois temps : passé, présent et futur.

– C'est vrai, elle a un regard singulier... Probablement, chacun y voit ce qui lui est proche. Dans quelle mesure reflète-t-elle la lumière du principe féminin ? Y a-t-il des ajouts de feux qui sont en rapport avec le principe masculin ?

– Les tableaux peints de la main d'un initié ont une valeur énergétique particulière. Ils comprennent les feux des deux principes et exercent, pour ainsi dire, une influence magique sur les deux sexes. Dans la toile que nous examinons, où une figure de femme apparaît au premier plan, les feux du principe féminin sont cristallisés à soixante pour cent. Et seulement au niveau plus profond est posée une sorte d'ossature qui cristallise les feux du principe masculin.

– C'est un portrait double alors ?

– Il serait plus juste de dire qu'il est dénué de dualité et traduit une nature qui réunit les deux principes.

– Comme le signe du tao ?

– Oui, on pourrait l'interpréter ainsi.

– Ce n'est peut-être pas un hasard si Mona Lisa se trouve en France, en plein cœur de la capitale.

– La capitale même apparaît comme un cœur d'où les artères de vie partent dans toutes les directions du pays. Certes, ce n'est pas un hasard si ce portrait se trouve ici, il y a des raisons à cela.

– Cela a-t-il un rapport avec toi ?

– Le moment n'est pas encore venu de révéler les liens qui nous unissent, mais je peux dire que Mona Lisa contribue à maintenir l'équilibre des énergies au niveau d'une des sphères subtiles, tissée des fibres qui composent la nature ardente du principe féminin.

– Et la pyramide en verre, ne l'empêche-t-elle pas d'accomplir son œuvre ?

– Tourner tout obstacle en avantage est le lot des structures nées de la Lumière.

– Il faut prendre ses ennemis comme alliés, disait le grand stratège russe Souvorov. Mais je crois que Mona Lisa dépasse toutes les formes physiques qui l'entourent.

– Son regard se perd au-dessus et descend au-dessous des constructions érigées de la main du simple mortel.

– Peuvent-elles devenir un objet de discordes, comme cette pyramide ?

– Certes, ceux qui l'ont dressée ne cherchaient pas la destruction, poursuivant les objectifs positifs. Mais, comme on dit, l'homme suppose et Dieu dispose. Les opinions se sont partagées, et la pyramide, énérgétiquement neutre, est devenue une pomme de discorde. Les uns — ils sont en majorité — lui attribuent le sens négatif, car ils remarquent à juste titre la dissonance entre les fluides harmonieux cristallisés dans les vieux murs et la nouvelle construction pratiquement enfermée au sein du Louvre. Mais il y a ceux qui la défendent. Ainsi est formée une balance invisible ; sur l'un de ses plateaux sont posés les fluides positifs et sur l'autre, négatifs. Le plateau le plus plein pèsera plus que l'autre. Aussi, faut-il faire preuve de sagesse, en sachant qu'une charge excessive risque de briser les épaules.

– La pyramide, pourrait-elle s'écrouler s'il y avait plus d'énergie de destruction ?

– Cela ne se produira que si le plateau opposé ne parvient pas à jouer son rôle et que l'équilibre est rompu.

– En est-il de même pour tous les édifices érigés de la main d'homme ?

– Bien sûr, les églises n'y font pas exception.

– C'est vrai, ces derniers temps beaucoup d'églises se détériorent, mais il y en a qui sont restaurées, se relevant des cendres comme le Phénix.

– À chacun son destin.

– Et nous sommes à même d'aider tout ce qui tend vers la Vie.

– Mais l'être humain est souvent responsable de la mort de telle ou telle création ; et il pousse, par une parole brutale ou un geste imprudent, celui qui est déjà au bord du précipice à faire un pas de plus.

– Les facteurs extérieurs aussi bien qu'intérieurs peuvent le provoquer, n'est-ce pas ? Un danger qui menace les édifices, les conflits qui ont lieu sous leurs voûtes... Je ne cache pas ma joie : hier à l'église de la Madeleine, au moment où j'ai terminé la transcription de notre dialogue, j'ai vu des prêtres russes. Un serviteur catholique leur expliquait l'idée de la construction de l'église. J'ai remarqué un vif intérêt dans les yeux des prêtres russes et, à ma grande satisfaction, je n'ai pas ressenti de barrières intérieures. C'était un dialogue entre les âmes qui se consacrent au même service... En tout cas, en tant qu'historienne, j'ai le plaisir de constater que les guerres globales pour des raisons religieuses sont presque en train de disparaître de l'histoire.

– Et pour les effacer de notre mémoire, chaque personne doit travailler beaucoup à trouver le côté positif dans toute chose.

– En Orient, on dit : « Nul n'est ton ami, nul n'est ton ennemi, mais toute personne est ton maître ». Apparemment, certains nous donnent l'exemple de ce qu'il ne faut pas faire, d'autres sont pour nous des modèles de croissance spirituelle.

– Cette idée est très efficace ; l'Occident peut l'appliquer avec succès dans sa vie.

– Dis-moi, ô Cœur très sage, à quoi est dû l'engouement de ton peuple pour les systèmes philosophiques, culturels et religieux d'Orient.

– Il y a nombre de raisons à cela. Premièrement, est venue la nouvelle époque, celle de la synthèse. Cela élargit les frontières au niveau du mental et présuppose l'accélération de l'éveil d'autres structures qui sont en rapport avec les émanations du cœur.

– Probablement, il faut éviter toute confrontation dans cette question aussi et intégrer avec reconnaissance les meilleurs acquis faisant partie du trésor des autres pays.

– C'est la voie la plus fructueuse.

– J'y vois une analogie avec les tableaux qui sont autour. D'ailleurs, au Louvre sont concentrés de nombreux trésors apportés de différents pays. Il devrait exister une sorte de musée, sur le plan invisible, qui abriterait le seul et même trésor composé de l'expérience séculaire de l'évolution spirituelle. Certes, le Cœur de France ne bat pas uniquement sous les voûtes des églises, n'embrasse pas seulement les Champs-Élysées mais tous les champs du pays.

– Je te remercie, mon amie, il est temps maintenant d'enrichir notre trésor invisible d'une autre offrande.

LA VILLE

Une ville se construisait. Elle devait s'élever sur les fondations posées précisément sur cette terre. Mais en attendant, au milieu des cendres, de vétustes taudis serrés les uns contre les autres dégageaient leurs faibles lumières. Ils considéraient la ville comme un ennemi qui menaçait leur existence et cherchait à les effacer de la face de la terre sur laquelle ils avaient tenu durant des siècles en abritant plus d'une génération. Les habitants du village agonisant partirent en croisade contre les bâtisseurs de la ville, lesquels étaient prêts à raser le monde où ils vivaient. Et la guerre fut déclenchée ; les parties opposées réunissaient, chacune dans son camp, des troupes alliées. La ville grouillait de forces secrètes ; elle était prête à étendre à tout moment son ressort caché et à s'étaler sur des dizaines de kilomètres. Mais elle ne pouvait agir de façon brutale en écrasant, avec les chenilles de bulldozers, les bâtiments où couvait encore la vie, telle une bougie qui se consume.

– Assassin ! criait tout le monde autour, essayant de repousser la ville des territoires habituels.

– Je ne veux pas vous faire du mal, se justifiait la ville. Mais sa voix n'arrivait pas jusqu'aux oreilles qui ne voulaient pas entendre les sons du monde environnant.

Peu à peu, le feu de la vie s'éteignait, la vieille peinture des murs décrépis s'écaillait. Et arriva le moment où le toit vétuste s'effondra sur les habitants qui s'étaient entêtés à placer des supports pourris sous les poutres qui tombaient en poussière. Mais la ville n'était pas en liesse ; navrée, elle se reprochait de n'avoir pas su bien expliquer ses objectifs. Elle voulait sauver tout être, et l'étreindre, et lui offrir un toit et des murs solides pour le protéger. La vie en ce lieu aurait pu battre son plein et se vêtir des couleurs les plus vives. Hélas ! Soudain, la ville perçut les gémissements des rescapés ; affaiblis, ils appelaient tout doucement au secours. Heureusement, la ville avait l'oreille fine et lâcha son ressort usé.

Les lumières de la grande ville brillaient de toutes les couleurs, offrant un accueil chaleureux à tous ceux qui désiraient franchir sa porte grande ouverte. Comme un corps, la ville avait grandi et mûri et était prête à engendrer une nouvelle vie. Elle dépassa ses territoires habituels et arriva vers les champs purs qui exhalaient un parfum d'herbe non coupée. Là, il y avait tout un monde qui habitait dans les nids, dans les trous, dans les termitières et obéissait à ses propres lois. Bien sûr, la ville ne pouvait pas lui déclarer la guerre, mais elle gardait en mémoire la tragédie dont elle avait été témoin dans le passé à cause de son hésitation. Si elle avait agi plus résolument, elle aurait pu sauver plus de structures vivantes. Mais la ville était très jeune à l'époque et ne savait pas ce qu'il fallait faire en pareil cas. Sa propre nature était pour elle un mystère impénétrable qu'elle devait comprendre tout au long de son évolution... L'objectif de la ville n'était pas de tuer mais de construire. Serait-elle contre la présence de multiples nids, trous et termitières parmi ses parterres bien aménagés et ses allées bien tracées ? La finalité de son chemin seraitelle en contradiction avec les buts des autres structures ?

Tel navire, telle eau. Comme sur des ailes, un bateau est porté par la force du courant vers le port où il doit jeter l'ancre. Et nul habitant des mers et des océans profonds ne résiste à l'avancement du paquebot. Mais pourquoi sur terre les choses ne vont-elles pas de la même façon ? Pourquoi les feux de la ville ont-ils tant de peine à gagner les champs émeraude et à établir, en accord avec toutes les forces de la nature, les lois de la vie nouvelle qui exclue toute animosité entre les êtres sachant que chacun a son propre rôle à jouer dans l'Évolution ? L'homme ne doit pas vivre dans un trou, de même que la fourmi n'a pas sa place dans une maison. Non, la ville ne pouvait se plaindre de son sort : les fleurs, les oiseaux, les arbres et même de nombreuses personnes la comprenaient. Ils étaient des messagers du futur et, à leur tour, étreignaient la ville.

Le regard était attiré par les maisons aux coupoles transparentes à travers lesquelles le soleil inondait de sa lumière les vastes pièces. Les alentours respiraient la fraîcheur, répandant des feux de toutes les couleurs de l'arc-en-ciel ; les parfums des prés et des champs se mêlaient aux senteurs de fruits mûrs. On ne pouvait dire si c'était une ville ou un village, car ce lieu rappelait à la fois l'une et l'autre. Était-ce un rêve ou une réalité ? Ou bien les songes des villes qui voyaient des clochards errer dans les rues nocturnes en quête d'une croûte de pain moisi. À l'odeur de brûlé et de suie succéda une fragrance de fleurs ; le hurlement terrifiant et le grincement de la ville cessèrent, et enfin l'oreille de la ville se délecta d'un délicieux ramage d'oiseaux.

Quels sont tes rêves, ô ville des amoureux ? Quels sont tes rêves, capitale qui as ouvert tes portes à tous les opprimés et leurs persécuteurs ? Quels sont tes rêves, sein qui nourris tes enfants de différentes couleurs de peau ? D'après toi, te sont-ils reconnaissants, continuent-ils ton travail créateur ? ou blessent-ils ton cœur en dévastant sur leur passage tous les acquis de leurs prochains ? Que vois-tu dans tes rêves, ta perte ou ta prospérité, la poussière et les cendres ou ton ascension dans la gloire céleste ? Raconte-moi tes rêves, mon vieux et beau Paris, toi avec qui mon âme cherche à nouer une histoire d'amour secrète. Aujourd'hui, je te déclare ma flamme et j'espère que mon sentiment sera partagé. Je ne suis plus très jeune, et je suis fatiguée de ne pas connaître d'amour réciproque. Et qui d'autre que toi pourrait me comprendre ?

– Et maintenant, mon cœur, approche-toi à nouveau de Mona Lisa, puis fais tes adieux au Louvre jusqu'aux prochaines rencontres.

– Merci de tes cadeaux précieux, ô Cœur magnanime de France ! J'espère que tous les plus beaux rêves de ton pays se réaliseront.

– Va en paix, et que ton chemin soit béni !

Le 10 novembre 2006

– La parole humaine a une très grande importance pour la vie de toute la planète. Je veux rappeler que « dans le principe était le Verbe ». Le tout premier son mit en action la matière malléable, jusqu'alors à l'état latent, plongée dans le sommeil séculaire. Sorti du sein maternel, l'être humain fait retentir le monde de ses cris, annonçant sa venue dans l'univers dense. Chaque nouveau-né a sa propre tonalité vibratoire qui permet à la mère de reconnaître, sans se tromper, les pleurs de son enfant.

– Le son, à savoir la parole, et l'énergie qu'il contient, sont-ils identiques ?

– La parole est l'énergie condensée propre à l'être humain ; chacun y met ce dont il dispose.

– Parfois l'homme est grossier, parfois il manifeste de la tendresse.

– Si l'on retient que la structure du corps est septuple et s'étend du niveau physique aux sphères ardentes, on peut discerner l'origine du son prononcé.

– La grossièreté provient probablement du bas astral. Mais la tendresse ne découlerait-elle pas des sphères situées au-dessus du plan émotionnel ?

– L'échelle des niveaux sonores s'étend de l'alpha à l'oméga. Et si quelqu'un a des structures subtiles bien développées, il n'éprouve pas de difficultés à faire descendre dans les sphères denses les paroles qui portent la plus haute fréquence vibratoire.

– Et qu'en est-il des morts-vivants, que leur triade supérieure a quittés, et qui sont déjà soumis à la décomposition ?

– Leurs paroles sentiront la poussière.

– La parole prononcée, s'établit-elle dans les structures auriques ?

– Sans doute. Avant tout, elle agit sur le locuteur en s'imprimant sur son aura, puis sur les structures invisibles de l'auditeur. Elle laisse son empreinte également dans l'espace en répercutant les fluides de certaines fréquences sur le « tissu » des sphères environnantes.

– Même dans la pierre, la plante ou l'animal ?

– Bien sûr, sa trace indélébile reste partout ; de plus, elle a des liens invisibles avec l'auteur de tel ou tel son.

– Donc, cela ressemble à une reproduction multiple. Une seule parole brutale grossit en marquant de son énergie les objets environnants. Et si la parole est gentille, sera-t-elle projetée maintes fois dans les mondes visible et invisible, amplifiant ainsi les bonnes émanations ?

– En vérité, si l'homme était conscient des effets que produisent ses paroles, il serait plus attentif à chaque son qui sort de ses tripes.

– Il en ressort toujours que « dans le principe était un verbe », à savoir qu'un acte d'enfantement commence, mais au niveau d'un microcosme humain à part entière.

– Tous les humains sont engendrés à l'image et à la ressemblance du Très-Haut. Et le Créateur des mondes supérieurs a pourvu tout individu du don de la créativité.

– Et il est temps de créer ?

– L'humanité est quelque peu en retard dans ce sens...

– Et lorsqu'elle commence à résonner aux basses fréquences, les Forces de Lumière prennent des mesures pour augmenter son taux énergétique ?

– Alors arrivent ceux qui deviennent vraiment des flambeaux de l'humanité : poètes, philosophes, hommes de culture et de l'art, guides spirituels et chefs des peuples. Leur activité est variée, leur parole est si importante qu'elle fait bouger toute chose tombée en décadence et stagnante.

– *Mais eux non plus ne sont pas toujours écoutés...*

– Et ce n'est pas si important, car l'espace lui-même ajoute soigneusement à son trésor chaque mot prononcé.

– *En d'autres termes, il se produit une sorte d'ensemencement...*

– Les meilleures paroles sont toutes déposées au même Trésor intarissable qui ne cesse de s'accroître aux siècles des siècles. Chaque être humain assoiffé de pureté et d'eau vivifiante a le droit de tourner sa pensée vers la Source divine. Or, puiser à pleines mains dans le Trésor éternel pour apporter ses dons à la terre n'est donné qu'à ceux qui ont soin du monde entier, ayant pour objectif d'amplifier la richesse de tous.

LE STACCATO

Le staccato... L'orchestre a fini de jouer depuis longtemps, mais ses sons se répandent toujours dans l'espace, tels des ronds dans l'eau. Déserte et plongée dans la pénombre, la salle semble envahie d'un sommeil profond. Or ce n'est qu'une impression, car elle est en état de veille, devenue le témoin silencieux du mystère des sons et des lumières... Chaque note a sa couleur, sa fréquence et sa sonorité lumineuse accessibles uniquement à l'œil du cœur. Et même si les personnes qui se délectent à écouter la mélodie sentent quelques effets mystérieux produits sur leur état d'âme par le son, elles ne ne peuvent s'imaginer qu'il existe un autre plan, invisible à l'œil physique. C'est un immense univers énigmatique peuplé de créatures nées du son...

Les notes... Chacune d'elles a sa propre durée de vie. Ayant à peine retenti, certaines s'éteignent en laissant une impression saccadée ; mais les notes longues laissent derrière elles une « traînée », voulant prolonger leur vie d'au moins un instant. L'instrument est pour elles comme un sein maternel qui peut les satisfaire ou non : l'accord harmonieux des cordes détermine la pureté et la durée du son sur tous les plans de l'Être et du Non-Être. Les notes, sous forme de condensés d'énergie, se sont fondues dans les sphères environnantes. Ce sont des entités singulières, unies par les liens de parenté invisible. Par exemple, chacune des sept notes se maintient à l'intérieur de sa gamme de couleurs en formant ensemble un arc-en-ciel. Le pourpre est la couleur du *do* qui sert de base fondamentale. Le *ré* recèle la couleur orange et ressemble à une fontaine de vie. Quant au *mi*, c'est la note la plus émotionnelle ; de couleur jaune d'or comme le soleil, il vous entoure de ses chauds rayons. La quatrième note, le *fa*, prend la couleur émeraude saturé quand la musique se joue en *fa majeur* ; mais si la mélodie résonne en mode mineur, il perd aussitôt ses vives teintes en devenant vert sale. Le *sol* contient les tons bleu ciel et tend vers la plus grande transparence. Son éclat bleu clair semble contraster avec sa propre nature. Mais n'a-t-il pas pour mission de garder le sel de la terre, qui se fond dans l'azur du ciel transparent ? Les vêtements du *la* sont d'une beauté incomparable, car l'indigo est plutôt la couleur propre aux mystérieuses étendues de l'océan céleste. Ce son renferme un secret ineffable. Peut-être est-ce la raison pour laquelle toutes les notes de la gamme cherchent à s'accorder avec la tonalité du *la*. D'ailleurs, il paraît que des liens plus mystiques le lient avec la note *si*, sa protectrice. La couleur mauve foncée du *si* a aussi quelques nuances en commun avec les tons du *la*.

Dans l'univers des notes règne la tonalité d'une beauté et d'une pureté sublime. Les limites de ce monde ne s'étalent pas quelque part au-delà du réel, mais s'inscrivent dans l'espace autour de nous, les mortels… Les sons se heurtent aux portes fermées, cherchant à les franchir et à pénétrer dans les sphères consonantes. Or l'humain, habitué à la perception auditive, n'admet pas la possibilité d'entendre une mélodie vivifiante au niveau des organes tout à fait différents. Les récepteurs sensoriels du Terrien fonctionnent nuit et jour pour obtenir leur « leur pain quotidien », car les structures énergétiques ayant une base septuple doivent recevoir les aliments qui conviennent à leur nature. Les sons travaillent sans répit en allant au but. Nul, sinon eux-mêmes, ne peut connaître leur mission ! Chaque note sonore a sa propre trajectoire vers sa destination. Sept corps septuples de l'homme ont leur projection dans le monde des structures septuples qui voilent les espaces autour de la Terre. Chacune de ces sphères a aussi sa propre tonalité de couleurs et de lumière. Le monde est pétri du son, qui lui sert de substance originelle. Et tant que l'ordre harmonieux y est maintenu, le monde n'a pas à craindre pour sa vie. Or lorsqu'une brèche apparaît quelque part et des fluides dissonants cherchent à supplanter les fluides vivifiants, un grave danger est imminent. Alors toutes ses sphères se mettent en mouvement pour venir à bout de l'intervention ennemie. Mais l'adversaire attaque sans arrêt, cherchant à évincer la mélodie harmonieuse de la Vie par le bruit, le vacarme et le grincement incessant des « instruments » technocratiques.

Les sons combattent : certains passent à l'offensive, d'autres repoussent les agresseurs, s'efforçant de protéger leurs lignes. De nouvelles recrues viennent toujours grossir les rangs de l'ennemi. Ce sont des gens qui s'adonnent au verbiage creux, à la médisance et aux commérages, blasphèment et font des esclandres. Peu nombreux sont ceux qui ne jettent pas de paroles en l'air et tiennent leurs promesses au-delà de toute espérance. Une mélodie vivifiante sonne déjà dans leurs voix. Et, en règle générale, ces âmes deviennent les alliés très fidèles des races qui, par leur force de cohésion, cimentent tous les éléments constitutifs du monde.

– *Amour ! Ce mot a-t-il une force magique ?*

– Il recèle à sa base une musique et, par sa tonalité, atteint les plus hautes fréquences énergétiques.

– *Il mérite d'être le seigneur au royaume des mots !*

– L'Amour a le droit de monter sur le trône. Ce mot contient les sept notes prêtes à se dérouler en arc-en-ciel. Tels des pétales de fleurs, les sept fluides sonorisés par les sept notes, se répandent autour du cœur blanc, qui est l'Amour même.

– *La musique peut-elle détruire comme construire ?*

– Imprégnée de vibrations de basse fréquence, la musique est très nuisible, car elle produit des effets destructeurs sur les centres énergétiques de l'être humain. Les quatre chakras inférieurs commencent à s'éteindre en premier. Or, si l'on écoute une musique à sonorité cristalline, les centres énergétiques guériront en absorbant la nourriture salvatrice.

– *Dis-moi, ô Cœur magnanime, comment on peut discerner les qualités vibrationnelles des œuvres musicales et choisir celles dont l'homme a besoin.*

– Il faut donner la préférence aux vibrations qui provoquent des sensations agréables au niveau du cœur.

– *Et qu'en est-il de celles qui déclenchent des mouvements incontrôlables du corps ?*

– Il existe des sons qui déstructurent toutes les parties du corps et apportent une dissonance au niveau cellulaire.

– *Et s'ils sont transmis à la radio ou à la télévision ?*

– Dans ce cas, ils sont comparables à un ouragan qui casse sur son passage l'ordre harmonieux des sphères environnantes.

– Ton pays est en avance par rapport aux autres dans l'édification culturelle. Ne serait-ce pas pour cette raison que c'est toi, Cœur de France, qui aborde la question du rôle de la parole, c'est-à-dire du son ?

– Il y a à cela plusieurs raisons, dont le fait que mon pays vibre aujourd'hui en *fa*, mais l'heure est venue de s'éclairer à la lumière nouvelle, car les Puissances de l'Évolution lui avaient prescrit d'atteindre les sommets plus élevés, marqués par le *si*.

– Y a-t-il des pays qui te sont plus proches ?

– Ce sont avant tout la Russie et l'Inde, qui dépassent considérablement par leur tonalité intérieure tous les autres. À un des niveaux, la composante vibratoire du Tibet a une importance particulière.

– J'ai aussitôt pensé à Alexandra, ta ressortissante qui a marché vers Lhassa presque quatorze ans.

– Seule une femme aurait pu faire à pied un tel chemin qui passait surtout par des pentes montagneuses.

– Est-ce toi qui l'avais chargée de cette tâche, lui mettant sur le dos un poids trop lourd, qui l'a rendue encore plus forte ?

– À la force du bras, l'être humain agit en établissant des ponts de lumière entre les cœurs humains, les pays et les continents. Alexandra devait tracer les chemins sur la carte du monde, géographique aussi bien qu'énergétique.

– Et elle a accompli avec succès cette tâche. Une Française frêle qui s'exposait au danger de mort en est sortie victorieuse.

– Son image est gravée sur les Tables de l'Éternité. Et qui d'autre que toi pourrait comprendre la force de son aspiration et son grand courage, indispensables lors d'un tel chemin !

– À côté du sien, mon chemin parmi les sommets des montagnes a été insignifiant...

– Il ne faut pas minimiser l'importance de tes acquis, car les dangers que tu as courus n'étaient pas moindres. Bien sûr, le chemin que l'on parcourt avec ses pieds est tout de même plus facile que celui qu'il faut tracer vers le cœur de son frère qui demeure en léthargie...

– Le chemin est pénible, mais la connaissance de l'objectif rend la charge plus légère. Et rien ne peut se substituer à la joie débordante qui jaillit de nos cœurs. Aussi, puis-je affirmer que toutes tes voies sont splendides, ô Créateur tout-puissant ! Moi, je préfère celle qui conduit de cœur à cœur, que ce soit le cœur de l'homme, ou celui d'une fleur ou bien le cœur ardent d'un temple...

– Béni soit-il, ton chemin de cœur, ma fille !

– Fille adoptée ?

– Ma propre fille, car nos liens de parenté sont au niveau du cœur !

Le 11 novembre 2006

– Qui es-tu, Cœur de France ? Quelle est ta vie, quelles sont tes espérances ? Qui sont tes géniteurs ? Et pourquoi exhales-tu ton ardeur ? Es-tu jeune ou adulte ? Éreinté, où puises-tu tes forces ? Quelle est ta position sociale, qui correspond à ta nature cachée ? Et en quoi avons-nous mérité, nous les mortels, de nous entretenir avec toi ?

– Les questions qu'on m'adresse peuvent être en vérité intarissables. Mais ceux qui m'interrogent ont tous le même désir : connaître plus. Cela démontre une compréhension élargie des sujets du domaine spirituel.

– Je vois : poser la question est une chose, or en assimiler la réponse n'est pas toujours donné aux esprits dont la vision est limitée par le plan physique.

– C'est un grand bien pour qui a atteint les premiers degrés de l'évolution. Mais celui qui est entré dans sa phase de maturité, est appelé à élargir sa vision intérieure.

– C'est-à-dire dire regarder le monde avec l'œil de son cœur ?

– Tels sont les préceptes des Forces de l'Évolution.

– Alors, seuls ceux qui écouteront tes réponses de tout leur être, en comprendront le sens ?

– Oui, surtout eux.

– Comment peut-on percevoir l'inexprimé, ce qui reste derrière les mots prononcés ?

– Après avoir saisi le sens caché de l'écrit, il faut aussi lire entre les lignes.

– D'accord, mais si quelqu'un repousse d'emblée ta parole, sans daigner jeter ne serait-ce qu'un coup d'œil sur ces pages ?

– Je propose mes dons à chacun, et je n'ai absolument pas pour but d'imposer les trésors à quiconque. Chaque personne est libre de faire son choix : accepter ou refuser mon offrande.

– Je crois que les doutes et le manque de foi ne créent des obstacles qu'à ceux qui sont incapables d'offrir quelque chose en retour.

– Il y a du vrai dans ce que tu dis. Ma parole est l'élixir de vie dont chacun a soif. Celui qui va à la pharmacie, n'achète-t-il pas le remède dont il a besoin ? Mais moi, je propose ce qui apporte la guérison aux âmes isolées, malheureuses, blessées au cours de leur chemin sur terre.

– Comment vois-tu les événements des dernières années ?

– Comme un conflit de valeurs. Les uns se fixent au pôle positif, les autres – au pôle négatif. La vie a de multiples facettes ; il faut croire qu'un jour ces derniers se trouveront dans le camp de leurs anciens adversaires et défendront ce qui est vraiment sacré. En gros, les fondements du monde sont éternels et se reposent sur la Justice et le Bien.

– Loin de moi l'idée de débattre du système politique et de l'action sociale du pays, même si, en tant qu'historienne, je pouvais démontrer une connaissance plus approfondie du sujet.

– Ce sont des agitations séparées des forces antagonistes qui cherchent à contrer l'évolution. Comme tout phénomène, elles ont leur propre énergie. Mon pays, comme d'ailleurs n'importe quel autre, a ses lieux de Vie et de Mort.

– Si je comprends bien, le premier est sous le contrôle des Puissances de l'Évolution et le deuxième est régi par les forces d'involution.

– C'est parfaitement exact. Et très souvent, une force de destruction s'oppose à une force créatrice, engendrant une série de conflits qui risquent de provoquer de graves conséquences.

– Telles que les révolutions, à cause desquelles est versé le sang des citoyens ? Plus que toutes les épidémies, les guerres globales ont leurs moissons sanglantes.

– Les lieux de Mort sont alimentés en émanations de sang, or les lieux de Vie ont besoin d'une autre nourriture, qui est le fruit du travail de paix.

– Est-elle lourde, la croix que la nation porte par la faute de certains de ses citoyens ?

– Oui, elle est assez lourde, mais je ne dis pas qu'elle est au-delà des forces de mon peuple. Il est de nature profondément pacifique. Parfois il est trop impulsif, mais pardonne vite.

– Je me doute à quel point il est difficile pour toi, Cœur généreux, de maintenir le souffle du feu vivifiant aux endroits responsables non seulement de la santé, mais aussi de l'intégrité de tes terres comme un organisme vivant.

– Autour de chaque lieu de Vie passe la ronde ; comme un aimant, il attire les âmes les plus positives. Mais les lieux de Mort sont aussi renforcés en entraînant vers leur épicentre les porteurs de destruction.

– Alors, ce conflit, qui prend son origine dans l'invisible, se traduit sur le plan physique ?

– Aussi bien qu'au niveau mental et émotionnel, lorsque les êtres humains n'arrivent pas à trouver de points communs et aboutir à une solution raisonnable. Et les émotions violentes et mal maîtrisées sont de mauvais conseil dans cette affaire.

– À quel niveau faut-il commencer le processus de transformation ?

– À tous les sept niveaux à la fois. Ainsi les effets seront plus rapides.

Le statut

Le statut de ce prêtre était assez élevé. Les gens avaient confiance en lui ; ils le respectaient pour sa nature humaine, généreuse et patiente, plus que pour son titre. Ce jour-là, il devait résoudre un problème difficile. Non seulement la vie d'un autre mais son propre destin dépendait de sa décision. Si un simple citadin illettré pouvait se tromper, puisqu'il était encore ignorant, un prêtre n'avait pas le droit à l'erreur en jugeant au nom de Dieu. Ainsi, en faisant une action juste, il parviendrait à amplifier l'éclat des vêtements de son esprit ; mais, en commettant une faute grave, il souillerait la robe de Celui au nom duquel il agissait...

Une jeune fille souffrait en prison. Demeurant en prière incessante, elle était à l'écoute du Très-Haut ; son cœur s'élevait vers les sphères qui ne connaissent pas le froid des barreaux de fer forgés de main d'homme. La pucelle d'Orléans, ayant marqué la face de la terre par ses victoires, semblait subir une défaite... Ceux à qui elle avait apporté la libération et la paix, lui préparaient une autre sorte de cadeau : tortures et exécution cruelle. Des mains de ses compatriotes elle recevrait un calice de poison amer et devrait le boire jusqu'à la lie. L'Ange de la Mort, envoyé des hommes, planait sur la tête de la jeune fille et cherchait à rompre le souffle de sa prière. Mais à sa droite se tenait toujours l'Ange de la Vie, la protégeant de ses ailes blanches comme la neige contre les flèches invisibles lancées dans son dos. La pucelle faisait en silence sa sincère oraison, s'efforçant d'écarter l'effroi glaçant qui émanait de l'Ange de la Mort...

Le prêtre se leva et s'approcha de la fenêtre, tourna son regard vers le ciel d'avant l'aube, comme s'il avait voulu entendre la Voix approuvant sa décision. Mais le ciel gardait un profond silence. Le prêtre alla lentement d'un mur à l'autre : il réalisait que sa pensée était dans une impasse. Il prit la Bible, la regarda d'un œil distrait et ouvrit une page au hasard. « Aimez vos ennemis », lit-il à voix douce. Mais cette jeune fille n'était pas une ennemie : elle avait libéré son pays, sa France bien-aimée, du joug étranger ! Elle entendait des voix... Pourquoi donc le ciel parlait-il à elle, une simple paysanne, et préférait-il garder le silence quand un serviteur de Dieu, revêtu d'une haute dignité, lui adressait ses questions ? Où est la justice ? « Quelque chose s'est déréglé dans ce monde, pensa le prêtre, je suis incapable de prendre une décision sage ».

Au milieu du silence de mort qui régnait dans la froide prison, l'Ange blanc chuchotait quelque chose à l'oreille de la vierge. Elle tournait son regard vers le haut en cherchant à percer le voile épais qui la séparait du monde dont l'Ange parlait.

– Sainte Catherine, dit tout doucement la jeune fille, réponds-moi pourquoi de nombreux guerriers, qui m'ont défendue lors des batailles, ont tourné tout à coup leurs armes contre moi. Pourquoi ont-ils vu en moi une ennemie ?

– Leur ignorance est leur ennemi, mon enfant ! retentit une voix, qui l'enveloppa entièrement, en apportant un air frais parfumé aux fleurs des champs et des prés.

– Ils voient en toute chose la main du diable, lui attribuent même les forces et les traits qui ne sont propres qu'aux anges purs, réféchissait à haute voix la jeune fille.

– Le diable n'est pas si grand pour conduire une armée sur les champs de bataille et sauver toute une nation.

– Celui qui sauve est sauveur, chuchota la jeune fille en écho avec la Voix qui venait du fin fond de son cœur. Où sont donc les œuvres des anges ? Pourquoi les hommes ne les voient-ils pas, si tout est évident ? La force diabolique, aurait-elle aidé à affranchir le pays de la servitude et de la violence, des souffrances et de l'avenir sans joie ? Ils ne savent pas ce qu'ils font, termina ses réflexions la pucelle d'Orléans en se résignant.

L'aube trouva le prêtre plongé dans les pensées qui témoignaient en faveur de la condamnée. Il caressa la Bible, la mit de côté et s'approcha à nouveau de la fenêtre… « Et pourtant, la jeune fille doit être punie ! » dit résolument le ministre de Dieu. Mais de quoi pouvait-on inculper un être aussi innocent, à moins de trouver une menace pour le peuple dans la robe dont son corps et son âme sont vêtus, tout en reconnaissant sa chasteté ? Payer de sa vie parce que tu combats habillée en homme, ne serait-ce pas un prix trop élevé ? « L'ignorance ! » résonna à nouveau la Voix qui semblait exprimer la douleur de tout l'univers. La Voix, qui semblait imprégner toutes les sphères autour de la Terre, fit tressaillir l'âme du prêtre. « J'ai dû le rêver. Je sais : ce sont des tours du diable ! » se dit-il, quelque peu enragé. Mais au même moment, une image terrifiante s'offrit à ses yeux : et si les Cieux se comportaient à l'égard de l'humanité de la même façon, en la condamnant comme ceux qui agissent au nom du Très-Haut ont condamné cette jeune fille ? Il rejeta aussitôt cette pensée, car il « exprimait la volonté de Dieu », qui, ce jour-là, lui avait rappelé maintes fois la phrase de l'Écriture sainte : « Aimez vos ennemis ! »

Un faible vent effleura délicatement les dernières flammes du bûcher qui s'éteignait. Il semblait caresser, l'une après l'autre, les étincelles expirantes… C'était comme si une main invisible cherchait le trésor précieux que l'être humain avait cruellement piétiné. « Jeanne ! Jeanne ! » soufflait le vent, timide et doux. Une myriade de voix d'anges s'y confondaient...

Le voilà, le trésor que la main rude du bourreau avait jeté dans le tas de cendres. Le cœur de la pucelle était toujours vivant, car le dialogue cordial, une fois commencé, ne pouvait s'interrompre. Aussi tendre et émerveillé, l'ange blanc étendait son aile ardente sur le cœur impérissable de Jeanne, lui permettant d'écouter les voix qui la conduisaient à de nouvelles victoires. Les vêtements d'homme qui couvraient le corps de son âme vierge disparurent à jamais, sans laisser de souvenir, dans les flammes déchaînées. Et les eaux profondes du fleuve ensevelirent le trésor offert au pays par les puissances du Ciel, le cœur ardent qui avait battu dans la poitrine d'une simple fille paysanne... Seul l'Ange blanc savait quelle force et quel pouvoir aurait pu avoir le peuple s'il avait gardé ce don sacré. Cependant, le cœur de Jeanne frémit au moment où elle perçut le triste sort qui attendait ceux qu'elle avait défendus, le glaive en main, au nom de la Justice. Non, elle ne pouvait pas oublier froidement les guerriers qui avaient fait preuve d'une grande vaillance en se précipitant sur l'ennemi attaquant. Son cœur n'avait jamais connu la défaite ; les Voix qui l'avaient guidée de tout temps en étaient témoins. Jeanne éprouvait le bonheur que seul le cœur ouvert pouvait ressentir. L'œil de son cœur voyait le chemin que l'Ange blanc lui avait révélé tout doucement... Bien sûr, la pucelle d'Orléans partirait, mais pour naître à nouveau !

La tête baissée, l'évêque suivait les ruelles étroites ; il semblait porter sur son dos une lourde croix, s'étant chargé de ses propres péchés comme des fautes du peuple entier... « Aujourd'hui, nous avons commis le crime le plus épouvantable : nous avons brûlé une sainte ! » répétait-il. Et le vent emportait les sons de sa voix, comme s'il voulait faire parvenir cette pensée jusqu'aux endroits les plus retirés du pays. Le prêtre se voûtait de plus en plus. Il avait jugé au nom de Dieu, au nom de l'Église. Et maintenant, lui-même dépendait de leur jugement.

L'esprit de la pucelle d'Orléans planait très haut dans les cieux. Toutes les sphères ardentes étaient en liesse, embrasées de lumière irisée. Ce jour-là, dans le royaume de Dieu, il y avait une grande fête : la naissance d'une déesse. Libérée des ténèbres des sphères denses de la Terre, elle déploya les ailes de son esprit céleste et entra triomphante dans l'Éternité flamboyante. En bas restaient ceux qui étaient accablés du fardeau de leurs fautes mortelles et de leurs tristes erreurs...

Des années, voire des siècles, passèrent avant que le prêtre entendît la Voix qui retentissait au fin fond de son cœur. Et c'était peut-être lui que l'Ange invisible couvrait à présent de son aile. Et il pourrait appeler l'ange : « Jeanne ! » Maintenant, l'évêque est capable de voir l'ensemble des chemins qui mènent vers le Ciel ; et peu importent les vêtements des voyageurs qui se frayent le passage vers les cimes, pourvu que sous leurs guenilles terrestres batte un cœur ardent tissé de rayons éternels. Alors, celui-ci sera le fil d'Ariane pour toute personne qui aura fait un faux pas sur sa route épineuse.

Jeanne, tu vois, ton pays est libre ! Jeanne, tu vois les cœurs s'embraser, tels des flambeaux salutaires dans la nuit de la vie. Jeanne, tu sais comme il est difficile de remporter la victoire lorsqu'hommes et choses se dressent contre toi. Mais tu sais aussi que tu as un allié fidèle, le Cœur magnanime de France. Ainsi tu vaincras !

Le 12 novembre 2006

– Le pays s'élève en gravissant les marches de la transfiguration. Il a son fardeau, et nul ne peut s'en charger à sa place. On ne reçoit que ce qu'on peut supporter : les Forces de l'Évolution pèsent sur la balance karmique le poids destiné à chacun selon les capacités de son esprit. Se mettre sur le chemin d'autrui n'a pas de sens ; car, en suivant son propre trajet, on atteint le but assigné à l'ensemble du pays. En déviant, on ne fait que perdre du temps et on se laisse entraîner sur une fausse route.

– Et quel est le but de ton pays, Cœur magnanime de France ?

– Le but principal est de gravir les marches de l'Évolution en suivant rigoureusement les repères qui relèvent du Rayon de l'Amour-Sagesse. La notion d'amour est universelle et comprend une série de composants qui donnent la note de transfiguration à tous les sept niveaux septuples.

– Si je comprends bien, le Rayon de la Transfiguration est le septième, il est un petit reflet du Premier.

– L'aspect de la Volonté et de la Puissance, en tant que pure énergie, ne peut être assimilé, à un certain point, que par les personnes qui ont atteint un degré de sainteté. Par conséquent, rares sont les personnes qui vibrent aux fréquences des émanations du Premier Rayon ; lui-même joue pour ainsi dire un rôle secondaire, cédant le sceptre au Deuxième Rayon, qui domine dans ce système solaire. Donc, le Rayon de l'Amour-Sagesse occupe la plus haute position qui lui permet d'engendrer ses propres points énergétiques sur la Terre.

– Si un pays voit apparaître un grand nombre de points de la sorte, cela signifie qu'il progresse sous la guidance du Deuxième Rayon, n'est-ce pas ?

– La Terre est un organisme vivant qui a son corps physique et ses structures subtiles. En plus, on peut considérer les continents, et les pays qui s'y trouvent, comme des structures à part, ayant chacun son cœur et les autres organes vitaux.

– Je crois que c'est le langage des symboles.

– Sans doute. Lorsqu'il est question des connaissances supérieures, on a recours avant tout à ce langage, qui permet de donner un sens plus large aux notions en dépassant la vision limitée du plan terrestre.

– Alors notre rencontre n'est pas due au hasard.

– Tu vis en écoutant ton cœur, c'est pourquoi tu as le droit aux sentiments réciproques générés par les émanations consonantes. De plus, ton cœur est ici.

– Cœur ardent, tu mérites que des milliers de cœurs humains puissent s'allumer sur ton autel, pleins d'amour dévoué et fidèles aux plus hauts idéals. J'espère que le sacrifice n'a pas été inutile.

– Nous sommes ensemble de nouveau ; et de nouveau nous sommes en pleine bataille, mais nous n'avons que l'amour pour toute arme. Il est notre glaive et notre bouclier.

– Dis-moi, Cœur magnanime, si les persécuteurs de tes meilleurs enfants entendent clairement ta voix.

– De la haine à l'amour il n'y a qu'un pas, l'histoire en connaît beaucoup d'exemples. Les persécuteurs se voyaient souvent entraînés sur les chemins des persécutés, marchant ainsi dans la Lumière.

– C'est parfait ! Alors ce prêtre est capable de t'entendre ?

– Il a déjà confiance en les Voix, il perçoit leur nature divine.

– Gloire à toi !

– Gloire à tous les cœurs qui sont capables de répondre à l'appel de l'Amour universel !

La pensée-oiseau

Les rayons pourpres du soleil couchant embrasèrent les nuages, et un voile bigarré se déploya sur la ville. Les crépuscules annonçaient la tombée de la nuit, et il était l'heure pour les habitants de rentrer vite dans leurs foyers. Soudain, à un carrefour, entre les rangs serrés de voitures se posa une volée d'oiseaux. Pour les chauffeurs, leurs passagers et les piétons, ce fut un spectacle extraordinaire. Même s'ils étaient pressés il y a un instant en essayant de dépasser les uns les autres, ils se mirent à observer les oiseaux. Les automobilistes ne démarraient pas, craignant d'effrayer les volatiles par un faux mouvement.

Les oiseaux ne tardèrent pas à quitter le carrefour en montant tous ensemble vers le ciel. Et les hommes les suivirent longuement du regard… La circulation était paralysée. Et même si les derniers arrivés klaxonnaient pour faire désencombrer le carrefour, elle ne reprenait toujours pas. Il s'y passait une chose étrange : les gens sortaient de leurs voitures et ramassaient des plumes… À la vue de ce spectacle, les conducteurs qui arrivaient derrière et essayaient de débloquer la circulation n'avaient qu'un seul mot à la bouche : « Des cinglés ! » Bien sûr, les personnes dont le comportement bizarre avait provoqué un énorme embouteillage ne pouvaient pas être considérées comme raisonnables.

Ce jour-là, la fête est entrée dans plusieurs maisons. Si auparavant leurs habitants revenaient fatigués, irrités et en quelque sorte aigris, maintenant ils étaient méconnaisables : leurs visages rayonnaient de bonheur. Chacun avait dans sa main une petite plume bleue, avec un air tellement solennel comme si c'était une coupe d'elixir de vie. Qui d'entre nous n'a jamais rêvé de rencontrer l'Oiseau du Bonheur ? Partis à sa recherche, nous avons dépensé de longues années, toute une vie, pour le trouver. Et nul n'a pu nous indiquer où habite cet oiseau rare ; tout le monde en avait entendu parler, tout le monde le connaissait et espérait le rencontrer, mais personne ne l'avait jamais vu. Et ce jour-là, cette rencontre eut lieu !

On aurait dit que l'Oiseau du Bonheur était entré chez l'homme et y avait fait son nid. Une plume légère était sur la table ; comme enchantée, toute la maisonnée la regardait, et chacun cherchait à deviner son destin. Qu'est-ce qui changerait dans son médiocre quotidien ? Cette plume semblait avoir une force magique, sa seule présence dans la maison présageait le bonheur divin. L'homme n'avait qu'à croire qu'il le méritait enfin, même s'il était un simple mortel logé dans un petit nid minable. C'était la pensée magique que suggérait la petite plume. Le bonheur ! Comme nous en avons tous besoin ! Même d'un petit bonheur qui demeure entre quatre murs.

Tel un large fleuve, les oiseaux se précipitaient dans l'azur transparent du ciel. En bas scintillaient des petites lumières de villages et brillaient des lumières de grandes villes. Les oiseaux semblaient savoir où se poser, en pliant à chaque fois leurs ailes au croisement des chemins indiqués de là-haut. Ensuite, ils prenaient à nouveau de l'altitude et se fondaient dans les profondeurs du ciel. C'étaient des oiseaux singuliers qui n'obéissaient pas aux lois de la terre. Leurs règles de conduites étaient écrites dans les sphères célestes. Ce n'était pas un hasard s'ils s'appelaient oiseaux bleus : ils étaient proches des étendues de l'Océan céleste. Ils surgissaient de nulle part et repartaient on ne sait où. Chose étonnante, leurs plumes restaient quelque temps visibles à l'œil physique, puis disparaissaient sans laisser de trace... Seulement au niveau de la poitrine de l'homme demeurait une marque indélébile, comme si une force magique avait pénétré au fond de son cœur. Et l'homme se prenait alors lui-même pour l'Oiseau bleu, puisqu'avec l'arrivée de celui-ci sa vie prenait des couleurs radieuses. L'oiseau de mauvais augure qui portait sur ses ailes tous les malheurs du monde était le plus souvent associé à l'homme méchant, impatient, intransigent et méfiant. Cet oiseau se nichait de préférence dans le cerveau humain ; et s'il parvenait à s'établir dans sa pensée erronée, il ne cessait plus d'y pondre des œufs. Ainsi le monde terrestre voyait se reproduire et pulluler des oiseaux apportant le malheur... Mais une Main puissante décida de mettre fin à cet arbitraire et envoya dans le monde une volée d'oiseaux divins, en leur indiquant une voie différente : offrir une plume à qui était capable de la garder sur l'autel de son cœur.

– Ce qui est dit suffit pour permettre à l'homme d'avoir les pensées positives et réfléchir bien, en pesant en son for intérieur ses penchants pour l'harmonie ou pour le déséquilibre entre son cœur et son intellect.

– Peut-être devrait-il poser cette plume sur un plateau de la balance, et sur l'autre, son âme, comme le fait la déesse Maât ?

– Ce serait merveilleux de voir une balance pareille entre les mains de l'homme de la terre, capable d'évaluer et de peser sainement toutes les pensées qui foisonnent dans sa tête et l'empêchent de vivre. Et il serait bon de donner plus de poids à celles qui rendent la vie plus facile et radieuse, étant de nature légère et n'entravant pas les ailes de l'esprit céleste.

– En bref, faire l'inventaire de toutes ses pensées et perpétuer celles qui ont une valeur indéniable.

– Oui, mon enfant. Agissons donc comme cette volée d'oiseaux qui s'était fondue dans les cieux. Quittons maintenant nos bons amis en leur offrant une volée de nos pensées.

– J'espère que celles-ci les aideront à se rapprocher encore plus de l'Oiseau du bonheur.

– Ainsi soit-il !

Le 13 novembre 2006

– Avec le temps, le miroir des eaux autrefois bouillonnantes se stabilise. De même, les vagues impétueuses de l'océan humain s'apaiseront, manifestant la capacité de refléter sur terre la lumière des étoiles lointaines.

– Les tempêtes astrales ne cessent pas de se déchaîner dans le corps humain, sans oublier les simples mortels comme ceux qui ont atteint un certain degré d'éveil, n'est-ce pas ?

– Au départ, elles se font ressentir d'une façon ou d'une autre. Certains utilisent les chaînes et le cilice pour mortifier leur chair tourmentée. Ainsi, le fouet et les verges se promènent souvent sur le corps de l'homme qui se pousse pour servir le Très-Haut.

– Mais la chair est l'habit qui revêt le corps de l'âme, elle contient également l'esprit. Est-il confortable pour celui-ci de demeurer dans l'homme qui se torture lui-même ? Et moi aussi, j'ai beaucoup péché contre mon enveloppe physique. L'esprit d'humiliation volontaire s'est trop infiltré en moi...

– Cela est dû le plus souvent au dogmatisme qui imprègne la conscience de l'homme.

– L'Église a toujours été pour moi quelque chose de mystique et d'impénétrable. Je croyais qu'en son sein s'étendait un autre monde et que je pourrais y retrouver l'âme de mon père. Il était parti quand je n'avais que trois ans... Puis ma grand-mère bien-aimée l'avait suivi. À l'âge de dix ans, je suis restée seule, sans mes proches qui m'aimaient. Il ne me restait qu'à contempler la profondeur du ciel : je rencontrais l'agressivité du monde terrestre non seulement à l'extérieur de l'Église...

– Les prêtres sont des hommes comme les autres, ils passent leur propre chemin intérieur de l'évolution. En vérité, peu nombreux sont ceux qui gravissent les marches de la transfiguration en faisant preuve de sainteté... Cet état est difficile à atteindre en s'imposant des tortures, car c'est une agression contre son for intérieur. Bien sûr, la douceur et la modération en toute chose auraient pu les conduire plus rapidement aux degrés supérieurs. Mais chacun vit sa propre expérience. Les uns sont absorbés par la mortification de leurs corps sans penser à satisfaire les besoins substantiels de leur esprit. Les autres, dans leur zèle excessif, transforment en fanatisme la fidélité aux idéals suprêmes ; sans parler du sectarisme qui a causé la perte de plusieurs âmes humaines...

– Dieu merci, au moins l'inquisition a disparu de la face de la terre !

– Même si aujourd'hui il n'y a plus de bûchers, on peut proscrire quelqu'un en le stigmatisant et persécutant moralement. Et là, il est difficile de dire ce qui est préférable, les supplices temporaires et l'exécution au niveau du corps physique ou bien la souffrance morale qui dure toute la vie. Parfois, les peines de l'âme sont beaucoup plus profondes, et il lui est impossible de jeter ses blessures avec son enveloppe corporelle.

– Des inquisiteurs sont donc éparpillés à travers le monde, portant d'autres robes.

– Bien entendu, ils peuvent prendre la forme d'un simple boutiquier, d'un représentant de la sécurité publique ; on peut les rencontrer parmi les hommes de culture comme parmi les hommes politiques. Et ils sont aussi nombreux parmi les ministres de Dieu, agissant au nom de l'Église...

– Comme il est difficile de vivre à côté d'eux lorsqu'on accomplit une œuvre de lumière !

– Presque dans tous les domaines de la vie, on trouve cette division. La tâche des uns est la destruction ; celle des autres, l'édification. Les premiers sèment la discorde et l'inimitié ; les seconds œuvrent pour harmoniser toutes les sphères et attirer les émanations de l'Amour sacré.

– *Cœur généreux, dis-moi à quel point les émotions sont efficaces pour gravir les marches de la transfiguration.*

– Le fond émotionnel, si sa tonalité est haute et vivifiante, peut faire s'élever encore plus qu'un mental développé.

– *Alors tout dépend de la vraie coloration...*

– C'est elle le vecteur qui détermine l'évolution de l'homme. La lumière tend vers la Lumière ; et l'ombre est attirée par l'ombre, plus grande encore, et cela se fait en progression géométrique...

– *Je t'ai posé des questions... Qu'est ce qui te fait grandir, ô Cœur magnanime de France ?*

– Ce n'est que par le don de mes fluides ardents que j'attire la plus grande Lumière qui jaillit de la Source ardente. L'Amour est la Loi, l'Amour est la Voie ; lui seul est mon fil d'Ariane.

– *Les offrandes des cœurs humains, peuvent-elles amplifier ta force ?*

– Bien sûr, elles peuvent faire durer plus longtemps le vêtement de mon noyau blanc et feu.

– *Il ressemble à une grille de protection ?*

– En quelque sorte. J'ai un corps invisible qui n'est pas tissé de fibres propres aux formes épaisses, mais du pourpre du monde céleste.

– *Es-tu vulnérable ?*

– Au fond de moi, non ; mais au niveau des tissus adjacents, qui séparent le monde physique du monde subtil, il peut y avoir des « bouchons ».

– *Cela veut-il dire que toi aussi tu changes en montant les degrés de l'échelle de l'Évolution ?*

– Les univers entiers se perfectionnent en passant pas degrés.

– J'espère qu'ils ne connaissent point l'esprit d'autoflagellation et d'autodestruction.

– Sur le plan des structures supérieures, les « fantaisies » de ce genre sont totalement absentes, car chaque pas est considéré comme une expérience qui permet de choisir les voies les plus justes.

– La notion de péché, paraît-il, n'occupe pas non plus les esprits qui ont la vision universelle du monde.

– Bien sûr, la notion de peccabilité est le fruit de la pensée humaine, qui est issu de l'énergie acoustique de basses fréquences. Il est en quelque sorte un lieu de Mort, auquel l'homme peut donner des dimensions incroyables, en provoquant sa propre mort et en y entraînant ses frères.

– Probablement, il y existe des formules comme « Je suis un grand pécheur », « Je ne mérite rien de bon », « Je suis nul, je suis poussière et cendre face au Seigneur ».

– On pourrait continuer ces citations, mais il est préférable d'adopter des formules différentes, positives et vivifiantes pour l'esprit, aussi bien le vôtre que celui des personnes qui vous entourent. Et la première chose qu'il faut retenir à jamais, c'est « Je suis créé à l'image et à la ressemblance de Dieu ! »

– Et si je suis une poussière, alors celle du Ciel ?

– C'est ainsi, et pas autrement! Assez piétiner la graine divine que vous êtes ! Il est temps de prendre conscience de votre responsabilité pour votre vie et pour celle de vos proches, pour la santé de votre nation et pour le destin de votre patrie.

– L'idée qu'il est temps de cesser de détruire le temple qui protège notre âme et notre esprit, peut-elle nous aider

en cela ? La chair est créée pour l'âme et l'esprit, et non le contraire !

– Unis par le même désir de gravir les degrés plus hauts de la transfiguration, ils auraient pu devenir des alliés fidèles, et réduire jusqu'à trois fois la distance qui nous sépare de notre but.

Il neige

« Je vois ! » s'exclama une étoile de neige, en se détachant d'un énorme nuage suspendu au-dessus de la terre. Son corps blanc immaculé scintilla de toutes les couleurs de l'arc-en-ciel, en se précipitant en bas. Elle savait qu'elle tomberait sur un sol noir et froid, que des milliers de pieds la piétineraient et écraseraient de leur masse sa fragile dentelle de cristal. Mais l'étoile de neige, sans l'ombre d'un regret, voyait sa triste destinée. Certes, elle aurait pu rester sur les hauteurs inaccessibles, enserrée de ses frères flocons cristallins. Cependant chacun d'eux, reposant pour un temps au sein du gros nuage, avait son chemin. Arrivée au terme de sa cristallisation, une gouttelette d'eau se transformait en une autre substance, recevait le tracé de sa vie, et quittait la maison paternelle...

L'étoile de neige volait, légère et belle, par moments portée sur les ailes du vent, qui semblait jouer furtivement avec elle. Peut-être voulait-il prolonger sa vie en offrant au monde la possibilité d'admirer ses formes parfaites ? Quoi qu'il en soit, le vent connaissait apparemment son affaire : il amena l'étoile de neige directement au but qui donnerait un sens plus élevé à sa mission.

Un mendiant était assis sur un trottoir froid et mouillé. Des gens passaient sans faire attention à lui, et rares étaient ceux qui daignaient jeter une pièce dans sa main ouverte. Une couche de glace friable couvrait déjà les larges mares, cherchant à retenir une masse d'eau encore plus grande, pour stabiliser sa position. Le jour déclinait, et les passants devenaient de plus en plus rares. Enfin, ils disparurent tous derrières les portes de leurs maisons, bien fermées pour se protéger des clochards de tout genre.

Et le mendiant était toujours assis, la main tendue. Attendait-il quelques passants attardés, ou bien était-ce sa position la plus naturelle ? Qui sait ? Comme on dit, le cœur d'un homme est un abîme. Soudain, une légère étoile de neige tomba dans sa paume. Elle le fit tressaillir et revenir à lui. Le mendiant sauta sur ses pieds et courut vers le réverbère le plus proche. Sa main à moitié glacée était un support parfait pour l'étoile de neige, qui pourrait ainsi prolonger son existence. Quelque chose se libéra dans le cœur du misérable, et des larmes chaudes coulèrent sur ses joues. L'étoile de neige avait pu ranimer tout ce qui semblait mort en lui depuis longtemps.

L'homme et l'étoile se trouvèrent face à face. « Mon âme était aussi pure quand elle est venue pour la première fois sur terre, pensa le mendiant, et aujourd'hui je suis pratiquement dans la boue, des centaines de souliers grossiers ont piétiné le dessin cristallin de ma vie. Tout comme ma vie qui s'éteindra, cette étoile de neige va fondre dans ma paume, ayant connu à peine le tourbillon d'espoirs et de rêves radieux avant de tomber sur terre… » Une humidité glacée l'enveloppait comme d'une gaine, lui donnait envie de fuir, n'importe où, pour quitter ce lieu.

Tout en serrant la petite étoile de neige dans sa main, l'homme courut juste à l'endroit où sa chute avait commencé. Il savait, bien sûr, que personne ne l'y attendait ; mais il comprenait déjà que son but était de retrouver celui qu'il avait perdu. Se revoir lui-même tel qu'il avait été autrefois, plein de rêves radieux et d'espoirs ensoleillés, aurait pu changer beaucoup de choses dans sa vie. Le miséreux ouvrit sa large main et la regarda comme s'il la voyait pour la première fois. « Pourquoi ces mains ont-elles refusé de travailler ? se demanda-t-il. Oui, je comprends ces gens qui passent en pressant le pas. J'ai jeté mon fardeau sur le dos de mes frères en essayant de me rendre la vie plus facile. Eux, ils ont travaillé pour le bien de leurs proches, pour la prospérité de toute la nation et l'enrichissement du pays. Ils ont travaillé pour eux et pour moi qui suis figé comme un mort, la main tendue pour demander l'aumône. »

Les gens portaient leur propre lourde croix et celle des autres ; accablés du poids qui ne leur appartenait pas, ils se chargeaient d'une responsabilité supplémentaire : nourrir une armée de parasites...

L'une après l'autre, les pensées traversaient l'esprit du miséreux, illuminant son être tout entier. Il semblait qu'il s'était retrouvé lui-même... Ses chaudes larmes, n'étaient-elles pas le signe du remords qu'il éprouvait pour avoir agressé et suivi d'un regard méchant quelqu'un qui ne lui avait rien donné ? D'ailleurs, celui qui partageait avec lui le contenu de son porte-monnaie ne provoquait pas non plus en lui un sentiment de reconnaissance, mais un accès de jalousie pour son aisance. « Grippe-sou, tu aurais pu m'en donner plus ! » pensait-il, plein de haine. Mais ce jour-là, aussi étrange que cela pût paraître, le mendiant se regarda par les yeux purs de l'étoile de neige. C'était son âme, imagina-t-il, descendue des cieux divins qui venait de fondre dans sa paume, pénétrant dans son corps et son sang. « Mais, je suis un Homme ! s'exclama-t-il soudainement. Si une étoile de neige microscopique peut décrire un cercle aussi énorme, pourquoi est-ce que moi je baisse les bras ? Tomber du ciel pour être traîné dans la boue, rebondir, telle une goutte d'eau limpide, pour apporter à nouveau des cadeaux divins à ce monde en faisant couler des fluides d'amour abondants sur la terre – n'est-ce pas le destin des âmes saintes ? En vérité, celui qui ne veut rien faire, trouve une excuse ; mais s'il veut, il a toujours un moyen pour réaliser son rêve. »

– Eh bien, paraît-il, l'étoile a accompli son devoir : ce n'est pas un simple homme, mais un sage qui s'est réveillé en ce mendiant grâce à elle...

– Je n'en doute pas.

– Peut-on trouver une analogie entre ce miséreux et les communautés entières, et même avec les pays et les continents ?

– Tu l'as bien dit...

– Puis-je être comparée à l'étoile de neige ?

– Tu es libre de te comparer avec l'image que tu veux.

– Et, comme légère étoile de neige, je voudrais laisser le fruit de ce travail en commun...

– Que *Dialogue avec le Cœur de France* tombe sous les mains travailleuses de ceux qui peuvent l'apprécier !

– Ô Cœur du beau pays, merci pour tes dons abondants !

– Merci à toi aussi, mon amie fidèle ! Et à présent, j'interromps notre dialogue. Mais nous ne mettons pas le point final, car nous le reprendrons au moment où cela sera nécessaire. Dans ce monde, il y a un temps pour tout.

Au revoir.

Merci d'avoir lu ce livre !

Si vous l'avez aimé, veuillez laisser vos commentaires sur le site web où vous l'aviez acheté, pour aider les autres à en prendre connaissance.

Pour être informé de la parution de nouveaux ouvrages de Zinovya Dushkova en français, abonnez-vous à notre lettre d'information ici :

www.dushkova.com/fr

Vous recevrez en prime deux interviews d'une durée totale d'environ 6 heures que Zinovya Dushkova a données à la radio française en 2003 et en 2004, après la publication des livres *La Bible de Feu* et *L'Évangile de Sophie, la Force et la Sagesse de Dieu.*

À propos de l'auteure

Zinovya **Dushkova*** est une écrivaine, poétesse, philosophe, historienne et voyageuse russe. Titulaire d'un doctorat en philosophie, elle a reçu plusieurs prix, diplômes et mentions pour ses contributions au développement spirituel de la société et à la recherche scientifique dans le domaine de l'écologie de la conscience. Elle est également membre titulaire de l'Académie européenne des sciences naturelles (*Europäische Akademie der Naturwissenschaften*) et de la Société européenne de la science (*Europäische Wissenschaftliche Gesellschaft*) en Allemagne.

Sa passion pour l'histoire des religions et des philosophies du monde, ainsi que le désir de comprendre et d'accomplir son destin, a amené Zinovya Dushkova à se tourner vers la sagesse d'éminents penseurs. Elle découvre par la suite les œuvres d'Helena Blavatsky et d'Éléna Roerich, qui bouleversent sa vie. Comme le dit un proverbe oriental : « Quand l'élève est prêt, le maître apparaît ». Zinovya rencontre ainsi son Maître en 1992. Après trois ans d'épreuves ardues et d'apprentissage, en 1995, elle part pour son premier voyage en Inde, pays détenteur d'un savoir ancestral. C'est là, au monastère de Ghum, au pied de l'Himalaya, que Madame Blavatsky (en 1882) et Éléna Roerich (en 1923) avaient rencontré le Maître M. C'est là aussi que débute le chemin de Zinovya Dushkova.

Les pistes impénétrables qui s'enfoncent dans l'Himalaya, traversant la chaîne des Nilgiri ou longeant le

* Prononcer « Douchkova ».

Kanchenjunga, le Kailash, l'Everest et tant d'autres, l'ont conduite vers les demeures de la Lumière dont elle avait entendu l'appel. Tel un ermite, son âme pénétrait les mystères de la Vie en déchiffrant les manuscrits archaïques conservés dans des recoins inconnus de l'Inde, du Tibet, du Népal et de la Mongolie. Zinovya Dushkova a notamment eu accès au *Livre de Dzyan* dont les stances ont servi de base à *La Doctrine secrète* d'Helena Blavatsky.

Zinovya Dushkova a passé plus de trente ans de sa vie à étudier et à acquérir la sagesse ésotérique qu'elle partage aujourd'hui avec ses lecteurs. Elle est l'auteure d'environ 60 livres de spiritualité inspirés de ses voyages dans l'Himalaya, le Karakoram, le désert de Gobi, les Pyrénées et dans d'autres régions de la planète. Ses écrits constituent une synthèse de la science, de la religion, de l'histoire et de la philosophie. Sa poésie et sa prose, ses contes et légendes, renferment une sage vision du monde qui concilie l'héritage culturel de l'Orient et de l'Occident.

La publication en russe des œuvres en plusieurs volumes de Zinovya Dushkova, notamment de *La Bible de Feu*, a donné naissance à toute une vague de mouvements associatifs en Russie, en Ukraine et au Kazakhstan, contribuant au développement de la culture, de la science et de l'éducation. En 2004, elle a été invitée par le philosophe français Michel Cazenave à participer à son émission « Les vivants et les dieux » sur France Culture, à l'occasion de la parution en français de son livre *L'Évangile de Sophie, la Force et la Sagesse de Dieu*.

Le Beau Soleil et autres contes, un livre pour enfants, est largement utilisé par les psychologues et les éducateurs qui travaillent avec les enfants défavorisés placés dans des orphelinats ou en maisons de correction en Russie et en Ukraine. En 2006, c'est ce livre qui a été choisi par la maison d'édition Nathan pour participer au prix des lecteurs du périodique français JDI (*Journal des instituteurs et des professeurs des écoles*). L'analyse favorable parue dans le supplément de littérature jeunesse *Le Goût du livre* était accompagnée de pistes de lectures. La même année, Zinovya Dushkova a participé en tant qu'auteur au Festival du Livre de Jeunesse de Rouen, et des rencontres avec les lecteurs ont été organisées à Paris, Versailles, Colmar et Beauvais.

En 2020, selon le magazine britannique *Watkins Mind Body Spirit*, Zinovya Dushkova est devenue la première femme de Russie et des pays de l'ex-Union soviétique à figurer sur la liste des 100 personnes les plus influentes au monde sur le plan spirituel, aux côtés du pape François, du quatorzième Dalaï-Lama, de l'écrivain Paulo Coelho, de la présentatrice de télévision Oprah Winfrey et d'autres personnalités exerçant une influence majeure sur la vision du monde d'une grande partie de l'humanité.

Ressusciter l'espoir là où il a disparu, raviver le feu de l'amour là où il s'est éteint et savourer la vie là où elle a perdu son sens, tel est l'objectif que Zinovya Dushkova poursuit en écrivant chacun de ses livres.

www.dushkova.com/fr
www.facebook.com/ZinovyaDushkova
www.goodreads.com/ZinovyaDushkova

Printed in Great Britain
by Amazon

81441016R00068